钢铁企业供应链质量管理及低碳绩效评价研究

朱晓宁 著

中国财经出版传媒集团

经济科学出版社
Economic Science Press

图书在版编目（CIP）数据

钢铁企业供应链质量管理及低碳绩效评价研究/朱晓宁著.
—北京：经济科学出版社，2018.10
ISBN 978 – 7 – 5141 – 9787 – 7

Ⅰ.①钢…　Ⅱ.①朱…　Ⅲ.①钢铁企业 – 供应链管理 –
质量管理 – 研究②钢铁企业 – 低碳经济 – 经济绩效 –
评价 – 研究　Ⅳ.①F407.31

中国版本图书馆 CIP 数据核字（2018）第 225026 号

责任编辑：申先菊　赵　悦
责任校对：王肖楠
版式设计：齐　杰
责任印制：王世伟

钢铁企业供应链质量管理及低碳绩效评价研究

朱晓宁　著

经济科学出版社出版、发行　新华书店经销

社址：北京市海淀区阜成路甲 28 号　邮编：100142

总编部电话：010 – 88191217　发行部电话：010 – 88191522

网址：www. esp. com. cn

电子邮件：esp@ esp. com. cn

天猫网店：经济科学出版社旗舰店

网址：http: //jjkxcbs. tmall. com

北京季蜂印刷有限公司印装

710 × 1000　16 开　12.75 印张　230000 字

2018 年 11 月第 1 版　2018 年 11 月第 1 次印刷

ISBN 978 – 7 – 5141 – 9787 – 7　定价：68.00 元

（图书出现印装问题，本社负责调换。电话：010 – 88191510）

（版权所有　侵权必究　打击盗版　举报热线：010 – 88191661

QQ：2242791300　营销中心电话：010 – 88191537

电子邮箱：dbts@ esp. com. cn）

前　言

　　质量是制造企业的命脉，随着企业的扁平化、专业化，以及与供应链成员企业合作越来越紧密，供应链管理中的环节也会对质量产生影响，因此从供应链角度研究质量管理已经成为学术界和企业界的热点。已有相关研究主要针对普通意义上的企业，抑或分为制造企业和服务性企业，但是不同的企业文化，不同的行业，供应链质量管理的具体方法和供应链质量管理的影响因素以及评价指标也不尽相同。本书针对钢铁企业特点，在研究国内外供应链质量管理理论基础上，提出了钢铁企业供应链质量管理的框架体系及相关技术，并探讨了钢铁企业供应链质量管理影响因素，建立了钢铁企业供应链质量管理评价指标体系并进行了实证研究。具体包括以下内容。

　　针对钢铁企业集成化、信息化的特点，本书借鉴 ISO 9000 和过程集成理论建立了钢铁企业供应链质量管理模式，从供应链质量策划、供应链质量控制、供应链质量保证以及供应链质量改进四个方面系统地探讨了钢铁企业如何与其他供应链成员企业共同进行供应链质量管理。为钢铁企业实施供应链质量管理提供了较为系统、全面的理论框架。

　　基于供应商与制造商协同进行产品设计与开发有利于产品质量提高的理论，本书研究了供应链协同产品设计与开发模型，将企业创新能力指数引入知识累积函数，从而对知识累积函数进行了拓展，基于知识累积函数和设计返工函数建立了供应商与制造商协同进行产品设计与开发模型，应用此模型求出了供应商与制造商在协同进行产品设计与开发时最优的交流次数。通过实例研究，表明了该模型存在全局最优解。在此基础上，讨论了协同产品设计与开发的总成本与交流次数的关系，企业创新能力指数与最优交流次数的关系，以及知识累积演化轨迹对协同产品设计与开发总成本和最优交流次数的影响。

本书建立了面向供应链协同质量策划的多质量屋递阶（Quality Function Deployment，QFD）模型，该模型可以将供应链的最终顾客和中间顾客的需求映射到供应链成员企业的各个部门、各个科室直至每位工作人员的具体职责；可以评估供应链成员企业的某部门哪些职责是与顾客需求紧密相关，帮助供应链成员企业分析本企业本部门、本科室哪些职责的实施需要改善。在此基础上建立了多目标规划模型用以最优化管理职责改善率，同时给出了实例分析，对实例建立了多目标规划模型并进行求解。

从供应链角度来讲，钢铁企业需求过程（订单产生）与钢铁企业制造过程（生产计划）以及质量设计存在一定的集成关系。本书在考虑了不同炉型、生产成本、规格范围和交货时间约束的前提下，提出了需求、批量生产计划与质量设计集成的优化方法，建立了基于多约束聚类的需求、批量生产计划与质量设计的优化模型，并根据问题特点采用遗传算法进行求解。

设计并发放了钢铁企业供应链质量管理绩效调查问卷，基于钢铁企业的实际数据探讨了我国钢铁企业供应链质量管理存在的问题和不足，应用 Fisher 确切概率法分别研究了企业产量最大的钢材产品合格率，企业的钢材综合成材率、等级品产值率及下游客户服务满意率各自的影响因素。在此基础上从钢铁企业基本情况、钢铁企业质量战略与文化的适宜性、钢铁企业产品和服务质量、钢铁企业供应链协同产品设计和开发、钢铁企业供应链协同采购、钢铁企业供应链协同制造、钢铁企业供应链协同销售 7 个维度建立了钢铁企业供应链质量管理评价指标，并对我国 30 家钢铁企业的供应链质量管理进行综合评价，针对调查问卷结果及评价结果对我国钢铁企业供应链质量管理提出改进建议。

钢铁企业是典型的资源、能源密集型产业，目前国内全年二氧化碳排放总量中，约 14% 来源于钢铁产业，并且碳排放量也在持续增加，任由其发展，势必会对人类生活及社会造成极大危害。因而，深入了解钢铁产业的特点和目前发展的情况，并与低碳供应链的相关理论结合，建立符合该行业的低碳供应链绩效评价体系，尽可能科学合理地评价该行业低碳供应链发展现状。为了给钢铁企业提高低碳供应链的整体绩效，以及整个供应链的低碳化水平提供参考，对低碳供应链绩效水平进行探讨，并与钢铁行业特点相结合，能更好地利于这一高耗能行业实现低碳运营，有助于为我国钢铁行业的发展提供数据支持及相关的建议。

　　本书主要内容由朱晓宁撰写完成，马晓娟硕士、王瑶硕士负责部分章节的校对和修改工作。此外，感谢北京科技大学东凌经济管理学院张群教授、戴淑芬教授，以及北京信息科技大学经济管理学院颜瑞副教授为本书所作的贡献。

朱晓宁

2018 年 7 月

目 录
contents

第 1 章

绪　　论

1.1　研究背景及研究意义

1.1.1　研究背景

任何经济活动都不可避免地对生态环境产生不同程度的影响，每一项经济活动几乎都与生态环境相互关联。经济全球化的快速发展，除了使得经济快速增长，随之而来的还有不断加深的对环境的破坏，比如能源危机、环境公害以及气候变暖等，这些变化给人类社会的生存环境造成一定的负面影响，这在现实生活中也可以感受到，成为目前摆在全世界面前最严峻的环境挑战。在过去的三年时间，全球二氧化碳排放量几乎未见增长，但是全球的经济却有所增长，说明经济的繁荣发展未必就一定以高度消耗资源、大量排放废弃物为代价。但这也不能说明，人类面临的高二氧化碳带来的危害已摆脱的严峻现实。

低碳经济首次被提出是 2003 年英国发表的《能源白皮书》。截至目前，学术界对低碳经济这一概念都存在分歧。鲁宾斯德教授对于低碳经济的定义被广泛使用，即"是通过制度框架和政策措施的制定，开发和应用高效能源技术、能源节约技术及危害气体减排技术和废物资源化技术，使得整个经济社会的模式转变为效能高、能耗低、排放少"（刘思华，2010）。鲁宾斯德教授的阐述表明了低碳经济具有少耗能、少排放、少污染的特点，其目标是为了实现资源利用、经济发展的质量和水平双高的经济运行方式，使得人类的发展脱离

1

于高强度的能源消耗模式，可持续发展得以实现。

单一的市场对客户差异化的需求已经不能完全满足，企业在商业环境瞬息万变、信息技术飞速发展的环境中，仅凭借自身实力赢得市场是不现实的，只有与上下游企业之间进行合作来参与市场化竞争，促使企业自身能在激烈的竞争中生存乃至发展。供应链战略目前被很多知名企业实行，比如海尔、耐克和惠普等，通过与上下游企业签订长期合作协议，从而使产品生命周期缩短一些，产品成本也有一定降低，获得高质量产品，实现环境友好，提高市场占有率，能够让供应链上每个企业都获得最好的收益。此外，企业都是逐利的，在生产经营过程中为了获取高收益，而忽视其行为对环境的危害，如对自然资源持续不断地开采，随心所欲地排放废水、废气和废物，对环境造成了例如温室效应、酸雨等负面影响，最终将危害人类的生存安全。

低碳经济的发展使得低碳供应链也具有越来越高的重要性，因为供应链包含整个上中下游所有的企业，各企业内部及各企业之间的交流都会有碳排放。所以，很有必要让供应链上的企业之间展开合作，借助合作这种方式，能够优化业务流程，共同开发新产品和新技术，使得耗费资源量最大幅度减少，提高资源使用效率，降低碳排放量，使得整个供应链低碳化运转，传统供应链向低碳供应链的转变得以实现。践行低碳经济发展模式，将环保投入、废气废料、废物回收等指标纳入企业的供应链绩效评价当中，准确评价企业低碳供应链运行效果。

钢铁企业对于我国经济的发展来说，起着支柱性的作用，是我国实施节能减排的重要产业之一。国家统计局最新数据显示，2017 年我国粗钢产量 83173 万吨。钢铁企业供应链整个过程都会耗费大量的资源，包括采购、加工、销售及回收等各个环节，会排放各类废气、废物等，比如烧结厂排放二氧化硫量大、粉尘颗粒小且分散度高；炼铁厂排放多种有毒有害物质，比如一氧化碳、硫化氢等。钢铁行业是污染排放的大户产业，从烧结厂、焦化厂、炼铁厂、炼钢厂到轧钢厂等整个生产过程中，都会排放各类污染物，且烟尘颗粒细、废气温度高、水消耗量大，污染严重，这些对环境的危害治理难度很大，所以，钢铁企业要想实现可持续发展，发展低碳供应链是必然选择。

综合考虑钢铁行业特点、低碳供应链相关基础理论，建立低碳供应链绩效指标评估体系，以此来准确地评价钢铁行业低碳供应链的运行状况，使得低碳供应链上的一些问题可以更早、更准确被企业乃至整个行业察觉到，这样可以尽早地作出调整，能够提升这个行业整体的可持续发展的能力。

1.1.2　研究意义

低碳供应链是供应链研究领域的一个新分支，是在绿色供应链的基础上发展而来的。生态环境的恶化，使得供应链领域的研究逐步发展为绿色供应链领域的研究，而对碳排放的关注，促使低碳供应链的研究在此基础上发展起来。环境问题的日益突出，使得各国和企业都开始重视生产运营过程中的碳排放情况，企业不是单独的个体，若是供应链上的企业之间可以开展合作，那么可以有效减少碳排放，从而综合效益得到提升。现在该范畴的一些研究尚在探索阶段，研究内容尚未形成一个系统。对于低碳供应链绩效的研究，将生态经济理论、可持续发展理论、循环经济理论和低碳供应链融合在指标选取当中，一方面使得绩效评价相关理论更加丰富；另一方面可以为以后发展低碳供应链相关知识提高一个方向，具有一定的理论意义。

我国钢铁行业在低碳供应链的运营和实践方面尚在起步发展阶段，只有极少数大型钢铁企业在这方面做的初有成效，如国有企业的代表宝钢集团和民营企业的代表沙钢集团，在消耗资源量、回收和利用废弃物水平等方面的多数指标接近或已达到发达国家的钢铁企业水平。但是，还有很多钢铁企业，尤其是众多中小型钢铁企业在减少生产经营过程中的碳排放还差得很远，不进行资源和废弃物的循环、回收和使用，资源使用效率低，严重污染环境。但是钢铁企业研发低碳排放产品和服务，除了是其应当履行的保护环境的责任、承担碳减排的任务以外，还可以提高其竞争力。可以说，钢铁企业推行供应链的低碳化对于我国发展低碳经济至关重要。目前大多采用定性的方法研究低碳供应链，缺少定量描述，且研究方法较单一，没有进行横向比较，使得在实际运用过程中无法借鉴。进行钢铁企业低碳供应链绩效评价，可以反映出低碳供应链运行的水平，以及哪个环节比较薄弱，通过实证研究，可以帮助企业了解企业低碳供应链运行情况，通过企业之间的对比，找出自身短板，以此为依据制定相关优化策略。同时，可以为整个行业发展低碳提供参考依据，有利于促进整个钢铁行业的可持续发展，使得社会经济与生态环境能够和谐发展。

基于以上分析，对中国钢铁企业低碳供应链运行情况进行分析评价，无论是在理论上还是实践指导方面都具有重要意义。

1.2　本书的主要框架

全书共包括以下几章。

（1）第1章绪论，主要介绍研究背景及研究意义、研究内容、研究方法和本书创新点。

（2）第2章文献综述，主要总结整理了目前国内外对低碳供应链的定义、研究内容及方法、低碳质量管理、低碳供应链绩效研究现状及文献述评。

（3）第3章分析钢铁企业供应链的现状及问题，说明对钢铁企业进行低碳供应链绩效评价是解决这一现状的前提。

（4）第4章研究了钢铁企业供应链质量管理关键问题：供应链协同产品设计与开发模型及策略研究、面向供应链质量策划的质量功能展开模型及钢铁企业需求、批量生产计划与质量设计集成模型建立。

（5）第5章描述了基于ISO 9000和过程集成的钢铁企业供应链质量管理模式的理论基础、网络图和四大基石。

（6）第6章通过调查问卷确定了钢铁企业质量管理的主要影响因素。

（7）第7章基于模糊TOPSIS方法对钢铁企业供应链质量管理水平进行了综合的评价分析。

（8）第8章钢铁企业低碳供应链绩效评价指标选择，主要结合钢铁企业特点及实际数据获取情况，以钢铁企业为供应链核心，确定了财务指标、运营指标和低碳指标三个二级指标及23个三级指标。接着对数据展开信度检验，验证问卷收集到的数据是否可以用于研究，最后对数据展开统计，进行描述性分析。

（9）第9章钢铁企业的低碳供应链绩效评价。先运用熵权法对指标相对重要性进行排序，随后运用突变级数法的归一化公式对21家企业的低碳供应链绩效进行计算并分析结果，最后识别了各个指标对最终绩效的影响程度，并针对企业提升低碳供应链绩效水平提出针对性、细节化的建议。

（10）第10章综述了整书的研究内容，对全书最终的评价结果简单总结，并对研究中的不足予以说明。

第2章

供应链管理相关文献综述

2.1 低碳供应链内涵

20世纪80年代左右最早出现供应链（Supply Chain）一词，但截至目前，对其没有统一的定义。我国的《物流术语》（GB/T 18354 – 2006）将供应链定义为：生产及流通过程中，涉及将产品或服务提供给最终用户所形成的网状结构。早期所定义的供应链大多以经济效益为中心，以降低成本为目的，缺乏对可持续发展和环境效益、社会效益的综合思考。这段时期的供应链，是一个线性的开环链条，经济的增长主要依靠资源的大量消耗。例如，美国的 Stevens 认为，通过增值过程和分销渠道控制从供应商的供应商到用户的用户的流就是供应链，它开始于供应的起点，结束于消费的终点（马士华，2003）。供应链是围绕核心企业，通过对信息流、物流、资金流的控制，从采购原材料开始，制成中间产品以及最终产品，最后由销售网络把产品送到消费者手中的，将供应商、制造商、分销商、零售商、直到最终用户连成一个整体的功能网链结构（林勇和马士华，1998）。

早期供应链没有考虑生产经营活动产生的环境效益和社会效益，也不注重供应链的可持续发展，只以企业实现自身利益最大化为目标，以高耗能、高污染为代价提高经济收益，是一种线性开环链条。近几年来，大量排放二氧化碳引发了许多环境问题，"低碳"概念开始成为社会公众探讨的热点。此时的供应链为了适应经济发展过程中的低碳要求，也开始注重业务流程的优化和低碳节能技术的开发，尽可能地降低能源消耗、减少对环境的污染，最大限度地降低供应链各个环节二氧化碳的排放量。供应链领域已经开启了低碳供应链时代。

由于低碳供应链的概念实质上是对绿色供应链这一概念的延伸与拓展。美国国家科学基金资助的密歇根州立大学的制造研究协会进行了一项"环境负责制造"研究，该项目组于 1996 年首次提出了绿色供应链的概念（Handfield, Walton, Seegers & Melnyk, 1997）。Beamon 在供应链设计模型中注重考虑环境因素，并提出了绿色供应链的概念，他认为绿色供应链就是通过与上、下游企业的合作以及企业内各部门的沟通，从原料的采购、产品的设计和制造、到最后产品的销售及回收过程中考虑环境整体效益最优化，使环境绩效成为经济的另一个增长点，从而实现企业在供应链管理过程中的可持续发展（Beamon, 1999）。我国学者认为绿色供应链管理就是在供应链管理中考虑和强化环境因素，具体来说就是通过与上、下游企业的合作以及企业内部各部门的沟通，从产品设计、材料选择、产品制造、产品的销售以及回收的全过程中考虑整体效益最优化，同时提高企业的环境绩效和经济绩效，从而实现企业及其供应链的可持续发展。虽然绿色供应链将环境因素融入供应链各个环节以使供应链各个环节对环境的影响最小化、资源的效率最大化，对"绿色"研究也一直在推进，取得了很多成果。但对绿色供应链的研究更多集中在供应链中提高资源利用效率、将用过的产品回收等方面（朱庆华和耿勇，2005）。

低碳供应链是在绿色供应链的基础上发展起来的，与绿色供应链不同的是，低碳供应链不但要强调提高供应链内部行为主体与环境相容的程度，而且要充分考虑在整个链条中的碳排放指标，更要强调低碳指标的深入和细化。因此，低碳供应链提倡增效、减排、清洁生产，通过上下游企业之间合作和企业各部门之间沟通实现整条供应链的低碳化（蔡伟琨和聂锐，2012）。相关的研究尚处于起步阶段，具体概念的阐述也未统一。云南省应用基金项目中首次正式提出了"低碳供应链"的概念。认为低碳供应链就是通过优化供应链流程，采用信息化、标准化方法最大限度地降低供应链内部各个环节对环境的代价，具体表现为尽可能地减少不必要的资源和能源消耗，从而减少碳排放量（杨红娟和郭彬彬，2010）。低碳供应链是指在绿色供应链运作管理中，整条供应链的上下游节点企业都应当积极合作，从生产、采购、装配、运输、仓储、销售直至最后回收利用的过程中，将可持续发展与减少碳排放的概念引入其中，使整条供应链充分实现低碳化与运作的高效率的一种新型供应链运营模式（黄利莹，2010）。低碳供应链可以说是将低碳、环境保护思维融入所有的物流和供应链环节之中，综合考虑产品的原材料获取、设计与制造、销售与运输、使用与回收再利用的整个过程，通过绿色技术与供应链管理手段，实现产品生命周期内环境负影响最小，资源与能源利用率最高和供应链系统整体效益最优的目标（吴丹，2011）。"低碳"的概念与"绿色"相类似，都是要以最小的环境代价实现可持续的发展，但"低碳"相较于"绿色"而言，更强调人类要按自然法则办事，尽量少从自然环境中攫取资源（杨文佳，2011）。蔡伟琨等人（2011）认为，低碳供应链是一种系统的在整个供应链中综合考虑环境影响和能源效率的现代企业管理模式，以绿色制造理论和供应链管理理论为基础，涉及生产商、供应商、终端用户以及回收处理商等整个链条的企业，其企业内部之间是合作关系，低碳供应链管理的目的是尽量使得产品在其整个生命周期中，对环境负面影响最小，能源利用效率最高，整个供应链的经济效益和社会效益合理稳定。低碳供应链就是将低碳、环保的意识渗透至整个供应链的构建与运行，在从原材料等资源的计划、采购，到产品的生产制造，再到物流配送、市场营销、交付使用和回收这一完整的运作过程中，综合考虑链条中企业进行资源整合时对环境的影响（蔡伟琨，毛帅和蔡友霞，2011）。

　　笔者通过阅读与梳理国内外专家学者的主流观点，认为低碳供应链这一概念的核心部分主要有以下几点：第一，发展低碳供应链要求其所需企业将控制碳排放量问题考虑在内，当然这是建立在能够实现供应链自身效益的大前提之下，通过这种模式使供应链运转过程中的碳排放量能够达到一个较低的标准。第二，低碳供应链是一个整体性的概念，包括了企业生产产品在供应链上运转的整个过程，所以考虑减少碳排放量应当贯穿整个供应链的运转过程和生命周期。第三，相比较传统供应链，低碳供应链将物流的开环转变为闭环，在供应链的设计过程中引入了回收商这一环节，从而对供应链运转过程中产生的废弃物进行回收利用，无法二次利用的则做到能力范围内的无污染或低污染处理，通过这样的改变来实现降低能耗和碳排放量。本书所指的低碳供应链是杨红娟在云南省应用基金项目中第一次提出的"低碳供应链"的概念，也就是钢铁企业作为供应链的核心企业，在减少生产运营过程中的碳排放的同时，还需要加强与上下游的合作，提升供应链运行效率。

2.2　低碳供应链相关研究综述

　　从供应链角度看，与产品相关的碳排放贯穿于产品的整个生命周期，包括供应链的采购、生产、分销、终端消费等环节。因此，为减少供应链的碳排放，应从供应链碳排放的测度出发。而碳足迹作为测度供应链温室气体排放的有效指标，已受到各界的广泛关注。所谓碳足迹是指一个活动或一个产品在生命周期中直接或间接积累的二氧化碳排放量。Wiedman 首次提出了碳足迹一词，他用碳足迹解释某个生物或者活动整个生命周期总的二氧化碳排放量（Wiedmann & Minx，2007）。要降低供应链上的碳足迹，必须发挥生物能源的作用，要注重清洁能源的应用（Honloong，Varbanov，Klemeš，Klemeš & Stehlík，2010）。Yang 等人认为要降低供应链上的碳排放量，必须要加强供应链上各企业间的沟通合作，建立起完善的企业信用度评价体系，构建低碳供应链管理能力评价体系，培养低碳企业文化，促进低碳"连贯性"，通过低碳供应链上各个环节的合作最终降低碳排放水平（Yang & Jing，2011）。在供应链中存在执法者时，可以通过强制设定减排上限来实现供应链中成员的最大减排努力；如果供应链中不存在执法者时，以减排效率最高的作为支付者可以更加有效地实现供应链的碳减排（Caro，Corbett，Tan & Zuidwijk，2011）。在碳排放和车重的关系模型，模型求解结果表明碳排放明显影响最优结果（Elhedhli & Merrick，2012）。通过对汽车产业整个供应链中碳排放量的检测研究，证明了生态控制能够促进企业低碳绩效评价的实施，也能够为企业决策提供有效可行的量化信息，生产中的碳流规划可以为供应链的碳排放绩效提供重要的机会，并以现代汽车公司（HMC）为例，认为识别测量直接和间接的碳排放数据是降低供应链风险的关键，在供应链碳足迹管理中应设置测量系统边界，发展碳足迹产品有利于整个碳排放量的识别和计量，特别表明汽车行业碳足迹产品的投入和使用对发展中国家有至关重要的碳风险（Lee，2012）。Shaw 等人用模糊层次分析法和多目标线性规划的方法对低碳供应商选择进行了分析，将碳排放指标引入到模型中，为低碳供应商选择提供了依据（Shaw，Shankar，Yadav & Thakur，2012）。通过对供应链上的牛仔裤、苹果、酸奶、西红柿和家具为例，表明海上运输和消费者自身具有较高的碳排放，而物流活动的排放量相对较低，同时碳排放还受距离、零售类型、面积密度和消费行为的影响

（Rizet，Browne，Cornelis & Leonardi，2012）。根据传统供应链特点，运用决策试验与实验评估法（decision-making and trial evaluation laboratory，DEMATEL）方法构建了低碳经济条件下供应商选择模型，得出低碳标准管理系统下的碳信息和培训两个因素是供应商考虑的重要因素。通过识别这两个因素之间相互关系以及结构，选择那些能够改善供应链上低碳管理绩效的供应商（Hsu，Kuo，Chen & Hu，2013）。当前政策制定者正在制定监管政策以降低碳排放，制造商必须基于经济成本管理和评估未来碳排放下的生产，并提出了三个优化模型来确定未来企业最大利润总额与碳排放之间的关系（Liu，Holmbom，Segerstedt & Chen，2015）。

我国学者也对低碳供应链的相关方面进行研究。王国文以流程、政策和管理手段为依据，对当前低碳绿色供应链的计划、采购、制造、交付、回收等流程进行了详细论述，并进一步对低碳供应链的管理政策手段以及低碳物流体系的建立分别提出了自己的建议（王国文，2010）。赵广华借鉴了发达国家在政府和集群企业低碳管理的经验措施，阐述了集群企业低碳供应链管理的内容和实施低碳供应链管理五个方面的重要措施（赵广华，2010）。张新提出用"低碳度"这一概念来衡量供应链运行时低碳程度的综合效果，构建了 7 个指标来衡量供应链低碳程度，包括供应链低碳运行的规划、供应链物质流动的时间、供应链企业资源布置、废弃物回收、环境属性、社会的认可程度、供应链效益；低碳供应链具有整体性、闭环性、并行性、动态性、多生命周期性等特点（张新，2011）。杨东红等人通过建立零售商低碳行为评价指标体系，选取 6 个二级指标与 19 个三级指标，研究其对闭环供应链主体低碳行为的影响，并运用结构方程模型对其进行检验，发现低碳销售技术开发对零售商低碳行为的影响程度最大（杨东红，王伟，徐畅和匡瑾鳞，2011）。洪涛介绍了低碳流通和绿色流通的概念，指出政府和企业都应注重从绿色流通向低碳流通转型，推进低碳流通、加强物流社会化建设的策略（洪涛，2011）。李媛将低碳供应链划分为三个主要部分，分别为低碳供应链特性、低碳设计和低碳运营（李媛，2013）。

2.3　低碳供应链绩效评价相关研究综述

低碳供应链绩效评价是低碳供应链管理的重要的组成部分，是对传统供应链绩效评价的延伸，目前对该评价还没有形成统一的定义。根据其内涵可以看出，该评价就是根据低碳供应链的突出特征，将碳相关的指标融入其中，指标体系中考虑低碳环保的指标，然后选择科学合理的评价方法，对低碳供应链的所有环节产生的经济效益、环境效益及运营效率等进行综合评价的过程。与传统供应链绩效评价的区别在于将生产运营中对环境的影响考虑其中，尤其考虑企业的碳排放量这一因素，增加了对环保效益的评价。

Johnson（1998）运用平衡积分卡的思想，首次把环境绩效纳入供应链绩效评价体系中，构建了新的供应链绩效评价体系，案例证明新的供应链的实施为企业带来了很大的经济效益。Manenti等人根据供应链流程思想，结合绿色供应链的特点，并将环境协调和碳排放因素引入到供应链绩效评价指标体系中，利用多目标数学约束理论构建了供应链评价模型。洪江涛，王明月和黄沛（2012）以钢铁行业企业为研究对象，以宝钢的应用为案例，对低碳经济发展中的企业低碳供应链创新进行了评析。介绍了我国钢铁行业低碳供应链发展的背景和现状，并结合钢铁行业企业低碳应用状况与实际效果数据分析，探讨了钢铁企业如何建立低碳供应链创新体系，最后提出了钢铁企业推行低碳供应链创新的方法与手段。（闻捷，2013）通过对供应链低碳化的影响因素展开分析，从理论上说明供应链低碳化过程中各影响因素发挥作用的机理和作用的方向，围绕供应链三个构成环节——消费者、产品和供应链上下游企业（即供应链结构），分析其对供应链低碳化的影响。Jun – Tao，Zhang和School（2015）等人运用层次分析法建立了低碳供应链绩效评价体系。在此基础上，以天津市为例，运用层次分析法和数据包络分析法 AHP – DEA（Analytic Hierarchy Process – Data Envelopment Analysis）模型测算了低碳供应链的绩效。结果表明：首先，天津居民的低碳概念较强，但与低碳供应链发展水平不成正比；其次，天津低碳供应链不完善，有些年份有效，其他年份无效；最后，天津低碳供应链运营的规模效率一直处于下降的状态。Zhang，Sun和Business（2016）等人基于平衡记分卡的思想，提出了供应链绩效评价指标，构建了供应链绩效评价系统，在层次分析法的基础上，建立起绩效评价模型，运用模糊综合评价方法验证低碳家电供应链的运行效果。Mao，Zhang和Li（2016）通过对12个企业的研究，分析了内部低碳融入和外部低碳融合与企业绩效的关系，以及质量管理在低碳供应链中的调节作用。实证研究的结果表明，内部低碳一体化有助于提高企业的环境绩效，同时阻碍企业的财务业绩。低碳努力由双方决定。国内很多学者也相继展开低碳供应链绩效评价研究，见表 2 – 1。

表 2 - 1 　　　　　　　　　　低碳供应链绩效评价指标体系研究表

作者及研究时间	指标构成
杨红娟和郭彬彬，2010	主要从财务和成本、业务运作、顾客服务、研发创新和减排环保五个方面构建指标体系，主要指标有：①财务和成本方面包括总资产报酬率、资产负债率、总资产周转率、运输成本、环保成本；②业务运作方面包括响应速度、低碳信息共享率、信息流通速率；③顾客服务方面包括顾客对低碳认知度、顾客满意度、准时交货率及进货成本；④研发创新方面包括科研投资、研究与开发投入回报率、低碳产品或服务增加的比例、科研人员比例；⑤减排环保方面包括单位产品能耗量、能源节约率、设备设施提高率
刘春贵和郭忠行，2012	主要从经济、环境、能源和社会四个方面建立指标，主要指标有：①经济方面包括总资产贡献率、资产负债率、产品销售率、成本利润率等；②环境方面包括废气排放总量、废水达标率、固体废物综合利用率；③能源方面包括新能源比例、单位增加值能耗量；④社会指标方面包括顾客满意度、居民的低碳观念
瞿群臻和王明新，2012	主要从财务状况、顾客服务、业务流程、科研创新和减排环保五个方面构建指标体系，主要指标有：①财务状况方面包括总资产报酬率、总资产周转率、现金周转率、净资产收益率；②顾客服务方面包括低碳认知度、产品合格率、准时交货率、顾客投诉率、客户保持率；③业务流程方面包括供应链响应速度、供应链生产柔性、产品销售率、低碳信息共享率及信息流通率；④科研创新方面包括研发投入率、研发投资回报率、研发人员比例及低碳产品增加率；⑤减排环保方面包括单位产值能耗、能源节约率、环保效率比率及资源再利用率
何丽红和王秀，2014	主要从经济效益、客户服务、供应链内部运作、未来发展和低碳环保五个方面构建指标体系，主要指标有：①经济效益方面包括净资产收益率、资产保值率、现金周转率、库存周转天数；②客户服务方面包括客户价值率、订单完成总循环期、客户对柔性响应的认可度、市场占有率、客户保有率；③供应链内部运作方面包括配送性能、完好订单的履行、供应链生产的柔性、物流成本降低率；④未来发展方面包括新产品开发循期、新产品销售比率、信息共享率、研发经费投入比例、员工培训费用再投入比例；⑤低碳环保方面包括单位产值能耗、资源回收再利用率、低碳环保投资率及环保声誉
芦娟，2012	主要从财务状况、运营绩效、顾客服务、发展潜力、低碳环保五个方面构建指标体系。主要的指标有：①财务状况方面有总资产收益率、总资产周转率、利润增长率、现金周转率；②运营绩效方面有市场增长率、产品产销率、运营成本、节点企业合作水平；③顾客服务水平包括产品合格率、准时交货率、顾客满意度、低碳认同度；④发展潜力包括员工的低碳意识、低碳产品研发能力、研究费用投入比例；⑤低碳环保方面包括资源利用率、低碳效率比率、产品回收率、资源循环再利用率
张慧和孙秀梅，2016	主要从财务价值、顾客服务、业务流程、学习与流程和减排环保五个方面构建指标体系。主要指标有：①财务价值方面有供应链资本收益率、供应链总库存成本、现金周转率；②顾客服务方面有订单总提前期、客户保有率、客户响应时间、客户价值链；③业务流程方面有有效提前时间、时间柔性、目标成本、新产品销售率；④学习与成长方面有产品最后组装点、信息共享率、团队参与程度；⑤减排环保方面有单位产值能耗、能源节约率、设备设施利用提高率、环保效率比率

　　钢铁企业供应链是以钢铁企业为核心，通过对物流、资金流、信息流的控制，从原材料和辅料的采购开始，经过生产加工，最后由销售网把产品送到消费者手中的供应商、制造商、销售商，直到最终用户形成的一个整体链条结构。为钢铁企业提供原料，如铁矿石、煤炭、废钢等的供应商是供应链的上游企业，钢铁企业的下游企业则是钢材的加工企业，国内学者研究钢铁企业低碳供应链绩效较多并取得了一定成果。

　　张培（2010）构建基于突变级数法的钢铁企业绿色供应链绩效评价指标体系和模型，并以河北钢厂为案例对其进行评价。冀巨海等人（2013）从经济发展、技术进步、资源消耗、环境保护、节能减排和社会影响6个方面构建钢铁企业绿色供应链管理绩效评价体系，运用灰色关联评价法，对武钢、宝钢、太钢和鞍钢4个钢铁企业的绿色供应链管理绩效进行横向和纵向分析，结果表明：2005—2010年4家钢铁企业的绿色供应链管理水平逐渐提升，4家钢铁企业绿色供应链管理水平对比结果从优到劣依次为：宝钢、鞍钢、太钢、武钢。刘子钦（2016）构建基于碳预算控制下钢铁行业低碳供应链管理绩效评价的分析框架，以南钢集团的低碳供应链管理绩效进行分析评价并且提出改进建议。

2.4　供应链质量管理文献综述

1. 供应链质量管理定义

　　供应链管理对于质量有重要意义。如果想要企业质量保持持续改进，它所在的供应链必然对其产生重要的影响。这一点已经在学术界得到了普遍的认同（Casadesús & Castro，2005；Chin，Yeung & Pun，2006；Joyce，Green & Winch，2013）。

　　在供应链质量管理的定义方面，有多位学者进行过探讨。

　　Kuei 和 Madu（2001）用三个等式定义了供应链质量管理（Supply Chain Quality Management，SCQM）。

$$SCQM = SC + Q + M$$

式中，供应链（SC）= 生产 - 分销网络；质量（Q）= 能够准确地预测市场需求，快速地提供客户满意的产品，并获得一定的利润；管理（M）= 确保产品质量并加强供应链其他成员及顾客对供应链质量的信任。

　　Robinson 和 Malhotra（2005）基于过程对供应链质量管理进行了定义：供

应链上各节点企业通过正式的协同、整合运作流程来测量、分析和持续改进产品和服务质量的过程以获得中间和最终顾客满意并盈利。

河海大学的钱莹（2007）对供应链质量管理定义是：供应链成员之间通过协同、整合运作流程来测量、分析和持续改进产品和服务质量，获得中间和最终顾客满意，并创造价值的过程。

上述定义虽然角度不同，但都包含了以下的内涵：供应链成员需彼此协同来实现上述供应链质量管理目标；"顾客"满意的概念有所拓展，不仅是最终顾客，还包含中间顾客，供应链节点企业应使所有的顾客满意。

Tan（2001）研究了供应链管理和质量管理的综述来描述二者的相关性以及哪些方面可以将它们整合（见图 2 - 1）。Robinson 和 Malhotra（2005）认为一个成功的供应链质量管理系统主要与以下四方面有关：①外部过程的集成、管理和战略；②沟通和合作；③供应链质量管理领导；④供应链质量管理实施。Forker，Mendez 和 Hershauer（1997）总结出以下与提高供应链质量管理绩效相关的质量因素：①供应商质量管理；②培训；③质量部门的角色；④产品服务的设计和制造过程；⑤质量数据与报表。

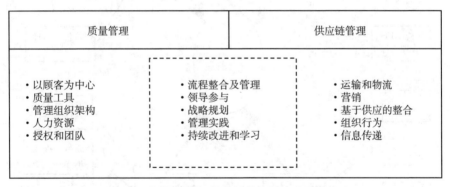

图 2 - 1　质量管理和供应链管理的内容及结合点

2. 供应链质量管理之质量策划

供应链中质量问题研究最多的是在战略层面，Madu 和 Kuei（1993）和 Kuei（1994）研究了供应链核心企业如何基于全面质量管理的概念进行改进，文中强调向全面质量管理改进不仅仅是解决现已存在的问题，更重要的是领导整个企业向着企业愿景的方向发展。成功的改造需要有远见的领导，需要支持相应的设备投入，基于戴明的 PDCA 循环进行全面系统的质量管理模式转变。Ulusoy

（2003）和Yeung，Lee和Ychan（2003）研究了基于质量的供应链战略。前者的研究提出土耳其企业如果想在市场保持竞争优势，必须要实施供应链质量管理战略。Kuei等（2001）提出了供应链质量管理的实施步骤。共包括5个阶段：收集供应链其他节点企业对供应链质量管理的要求，确定本企业对供应链质量管理的要求，制订供应链质量管理计划，实施上一步制订的供应链质量管理计划，最终达到供应链质量管理要求。进一步提出了供应链质量管理的路线图（见图2-2）。

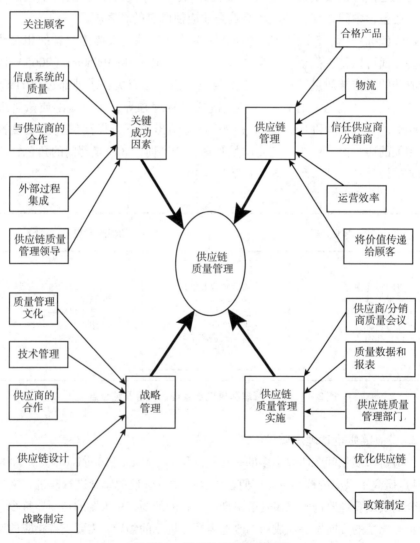

图 2-2　供应链质量管理路线

Romano 和 Vinelli（2001）通过实证研究，得出供应链成员应联合定义质量，在实践过程中应联合整合质量管理操作过程，以便更好地使最终消费者满意。Kuei 和 Madu（2001）利用实证研究结果表明，供应链质量管理的三个重要因素为：满足顾客所需，与供应商建立良好的合作关系，以及建立高效先进的信息系统。Kannan 和 Tan（2005）从战略层面和运作层面分析了 JIT，TQM 以及 SCM 的相关关系，并进行了实证研究，探讨了供应链质量管理的几个关键指标对组织绩效的影响。

唐晓青和段桂江（2002）从全球化的角度对协同质量链管理进行了研究，提出基于基础环境层、技术平台层、执行层以及目标层的协同质量链管理实施框架。王仁鹏、胡宗武和金国强（2002）对质量管理各要素间的因果关系进行了定量分析。其研究结果可用于帮助供应链上的节点企业找出目前质量管理中存在的瓶颈问题。陆秀和（2007）根据多年某著名外企质量管理经验，较为系统地阐述了基于供应链管理企业如何具体开展设计质量管理、供应商质量管理、流程质量管理和客户质量管理，并且通过大量的案例来解释如何运用质量工具来保证质量。张鑫（2008）认为传统的质量管理有一定局限性，过多侧重于企业内部过程，于是拓展了供应链及供应链管理的概念，将质量管理放在新型供应链的基础上进行研究，详细讨论了对供应商管理的操作原则及方法。并对一家全球性美资贸易公司进行了供应链质量管理改进，取得了良好的效果。金钰（2005）总结了对上游供应商实施全面质量管理的八项准则：①客户至上；②抓好源头；③评估和分析；④立足预防；⑤注重过程；⑥追求零缺陷；⑦持续改进；⑧合作交流。北京理工大学的郎志正（1984，2001，2002，2005，2010）对企业的质量管理技术进行了一系列深入的研究，对大质量概念提出了很多有价值的观点。秦现生、同淑荣和史良正（1999）研究了敏捷制造模式下的质量管理系统体系结构，以及企业内部的集成质量管理系统。曹旭峰和杨世元（2002）基于质量信息获取新理论和新方法的研究建立了现代企业质量信息获取总体框架模型。

3. 供应链质量管理之质量控制

国外学者在这方面的研究主要有：Lee，Lee 和 Jeong（2003）表明越来越多的制造企业或者服务业企业重视并寻找各种方式与供应商加强合作以控制和提高整个供应链的质量。Kim（2000）建立了供应链中供应商和购买商的质量成本模型，以成本最小作为效用函数来控制供应链中产品质量。Starbird（1994）、Reyniers 和 Tapiero（1995）、Starbird（2001）分别研究了非对称信息下的签约、质量控制和产品质量问题。质量控制不仅局限于产品，越来越多的学者强调供应链服务质量的重要性，认为企业不能只关注企业内部，还要与供应链其他成员一起提高供应链的产品和服务的质量。物流是供应链的一个重要组成部分，除了产品本身的价格和质量，Dewitt 等（2001）提出物流的质量也是供应链中间顾客和最终顾客所关心的一个重要部分。

国内对于供应链环境下质量管理的系统研究还比较少，现有的研究成果主要分为两部分：一部分学者致力于研究企业的质量控制，如杨晓慧等（2002）通过对传统控制图的研究，提出了一种新的面向柔性制造系统的用于小批量生产控制的单值控制图。杨慕升和张宇（2010）论述了一种基于供应链的制造过程质量智能协同控制的理论及方法。研究了网络化制造环境下基于供应链的产品质量协同控制的体系结构，论述了基于供应链的质量协同控制的信息交换技术，给出了质量协同控制的具体方法。通过有效的协同控制方法及数据模型，保证了产品的最终质量。张公绪和孙静（2009）从质量专业工程师从事质量管理的需要出发，系统研究了质量全方位管理的理论和方法。另一部分学者基于博弈论研究供应链核心企业对供应商和物流方的质量控制。如华中生和陈晓伶（2005）建立了考虑质量风险的供应链订货批量博弈模型，分别给出制造商和供应商在非合作情况下和合作情况下的最佳订货批量，讨论了供应商产品缺陷率与制造商订货批量大小的关系。张翠华和黄小原（2003）基于博弈论对非对称信息条件下供应链节点间的质量预防进行了分析。尤建新和朱立龙（2010）基于委托代理理论，研究了道德风险条件下如何控制供应链质量的问题。建立了供应商和购买商期望收益函数，考虑了供应商存在单边道德风险（质量预防水平隐匿）和购买商存在单边道德风险（质量检验水平隐匿），以及存在双边道德风险（质量预防水平和质量检验水平均隐匿）三种情况下如何设计质量合同设计。高滔和顾力刚（2010）从制造商对供应商质量风险监管的角度建立了单委托人—多代理人的激励模型。研究结果表明在供应商之间引入质量竞争激励十分利于增大供应链整体效应。栾东庆（2011）对 IT 外包中如何实施有效的质量监督加以分析，探讨了 IT 外包服务供应链中合作双方监督与欺骗的混合纳什均衡博弈。洪江涛和黄沛（2011）应用微分博弈的方法研究了由单一制造商和单一供应商组成的两级供应链上的质量控制的协调问题。

4. 供应链质量管理之质量保证

华中理工大学陈志祥，黄朝意和李孟清（1998）在分析了下一代制造系统（Next Generation Manufacturing System，NGMS）的产生背景及其特征和构架的基础上，提出下一代制造系统中的质量管理与质量保证信息系统的特征。然后提出了基于 Internet 和 Intranet 的下一代制造系统中的质量管理与质量保证信息系统的系统框架和底层制造单元级质量信息子系统的具体结构。章培培、李震和张俊慧（2008）对比分析了虚拟企业与传统企业的不同，基于虚拟企业独有的特点，建立了虚拟企业质量保证体系模型——铁三角模型（见图 2 - 3）。并阐述了信息质量管理体系、客户服务质量管理体系、供应链质量管理体系以及各成员企业传统 ISO 9000 质量管理体系在虚拟企业这一环境下的含义、特点和作用。

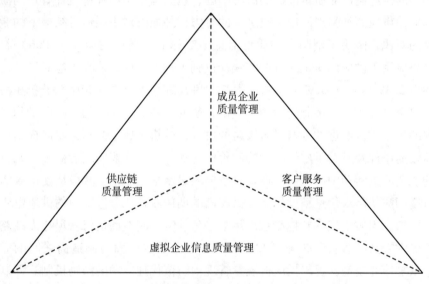

图 2 - 3　虚拟企业质量保证体系模型——铁三角模型

　　郭旭亮和顾力刚（2010）讨论了供应链环境下质量保证的特征，以核心企业的视角，从供应链环境下质量保证体系、企业间协同质量保证制度等几个方面构建了涵盖整个供应链的质量保证机制。并对供应链环境下质量保证机制的运行进行了分析，为供应链环境下质量保证活动提供了理论依据。北京航空航天大学的王雪聪和唐晓青（2004）提出了针对大规模定制生产模式特点的质量保证体系是一项系统工程，其实现方法主要包括：以顾客满意为中心，凝练顾客需求来构建产品平台；基于产品平台，重组产品过程；加强敏捷供应链管理，稳定产品平台质量；持续改进产品平台，推动最终产品质量的提高等。

体系实施研究的实践表明：基于产品平台技术的大规模定制质量保证可以帮助企业增强满足顾客群体与个体质量要求的能力，最终达到持续提升顾客满意的目的。

5. 供应链质量管理之质量改进

研究供应商质量改进的文献主要集中于两个方面。

一方面是基于博弈论和质量管理理论对产品质量改进的研究，针对如何激励和控制供应链其他节点企业进行质量改进。陈祥锋（2001）认为在集成化供应链环境中应该应用合同管理的质量担保决策来控制产品的质量，建立了基于买卖双方行为选择的均衡模型。洪江涛和陈俊芳（2007）研究了不同信息结构下的供应商产品质量改进的激励问题，主要运用契约理论设计有效的激励机制促使供应商加强产品质量改进上的努力，并通过对不同信息结构下的激励效果的对比，阐明了消除产品质量信息不对称的必要性。李红（2006）将六西格玛应用于供应商质量改进的实践，达到了预期目标，使其供应商发动机故障率由 2.3% 降到了 0.93%。浙江大学的鲁其辉和朱道立（2010）分析了一个包含单个供应商和单个制造商的供应链，研究了关于供应商的产品质量和市场需求的信息质量改进的战略联盟策略的设计，分析了成本共担策略能提高供应链绩效的条件及其对供应链的影响和价值。在供应链联盟中制造商参与到供应商的质量改进活动中，使供应商具有改进质量水平的激励，相应地使市场需求均值增加或使需求信息精度提高，供应商的期望收益比分散决策的供应链中的收益增加，当质量成本共担参数满足某些条件时，制造商也将获得比无战略联盟情况中更高的收益。张昪（2010）建立和分析供应商与制造商之间的完全信息重复博弈模型，提出供应链质量管理中防范代理问题的激励机制。即制造商与供应商建立长期合作关系，声誉作为一种隐性激励机制，使供应商获取长期利益，从而对供应商的行为产生有效的激励作用。

另外一方面的研究集中在核心企业对供应链其他节点企业的评价和选择上，选择更好的供应链合作伙伴以改进自己的供应链绩效。从技术实现的角度对质量管理中的供应商评价和选择的标准和方法进行了研究，建立了供应商评价和选择的分类评价模型。汪克夷、张爽和冯桂萍（2010）基于敏捷供应链特点，以装备制造业为研究背景，构建了供应商的评价指标体系，该体系实现了对新供应商的选择和对旧供应商的动态评价管理功能，不但保证敏捷供应链信息流的准确性和时效性，而且促使供应链节点始终保持在最佳状态，保障了供应链整体的稳定高效。同时采用基于 MATLAB 软件对体系模型进行了算法实例验证。刘航（2010）基于灰色系统理论的绿色供应商灰色综合评价方法。将定性分析和定量计算相结合，建立了绿色供应商选择方案的灰色综合评价决策模型，并通过应用实例验证了该评价方法的合理性与可靠性。杨杰（2010）结合浙江省科技厅重大科技攻关项目以及我国区域协同制造的发展现状，重点研究区域协同制造环境中供应商合作伙伴的评价体系和模型，给出了符合区域协同制造环境的评价指标，并构建了评价指标体系。通过具体的计算实例，验证了新的标度方法不仅使判断矩阵的一致性检验的通过率提高，而且还可以根据不同的评价对象，对具体的标度值做相应的变化，使得该标度方法更具有实用性和可扩展性。刘玲（2009）分析了我国现行企业运作模式与供应链管理思想的冲突，然后讨论了供应链合作关系与传统供应商关系的区别以及前者实施的重要意义，进而揭示了现阶段我国企业合作模式中存在的问题，最后详细介绍了供应链合作关系环境中供应商综合评价、选择的方法和步骤。宋占岭和王亚莉（2009）从质量、价格、经营信誉、技术能力和生产能力 5 个评价指标着手，应用 TOPSIS 法对物流供应商进行评价优选。应用实例表明 TOPSIS 法评估选择物流供应商是可行的，具有较好的合理性和适用性。胡求光（2009）在借鉴已有研究成果的基础上，结合基于供应链的水产品物流特征，以评价指标体系的原则为基础，从水产品物流发展的经济效益、技术水平、外部环境以及内部流程四个方面组成水产品物流评价指标体系。赵延庆、陈杰和韩九香（2005）构建了一套合理的分销商评价指标体系，并利用主成分分析和数据包络分析这两种评价方法的原理，提出了二者结合的 PCA－DEA 复合评价模型。实证结果显示，PCA－DEA 复合模型不但能对分销商进行合理有效的评价，而且可以找到提高分销商绩效的敏感因素，从而帮助企业制定出更好的分销策略。

可见，随着供应链管理在我国的兴起，供应链质量管理已逐渐成为供应链领域一个重要研究理论，我国在供应链质量管理方面还有很大的发展空间，把供应链管理的先进管理思想与企业质量管理的实践相结合，是一项非常具有意义的研究工作。

2.5　本章小结

本章在理解低碳供应链内涵的基础上，对低碳供应链的相关定义、碳排放测算与低碳供应链绩效及研究方法等的相关文献进行了系统的梳理和总结。

通过对国内外研究现状分析，目前国内外在供应链的碳排放和碳足迹、低碳供应链的运行模式和网络设计、绿色供应链绩效评价等领域的研究比较全面，为本书研究的开展提供了广阔的思路及理论依据。但是，在低碳供应链绩效评价具有一定的局限性。

首先，对于低碳供应链的内涵、运行模式及供应商的选择等领域研究较多较全面。国内外对低碳供应链绩效评价的研究资料比较少，没有形成一套全面且系统的评价方法。

其次，目前低碳供应链绩效评价的方法主要有两种：一是模糊数学法；二是层次分析法。这两种方法在对指标的评价中都需要因指标的影响力确定权重，存在主观性强、准确率低等缺点。并且在运用突变级数法时认为将指标的相对重要性进行排序，具有主观性。

最后，通过文献梳理，可以看出现有研究对于钢铁企业低碳供应链绩效评价研究很少，且都是以单个钢铁企业为例进行评价，而以众多钢铁企业作为研究对象，对其影响因素进行定量分析，评价钢铁企业低碳供应链绩效并进行横向比较更是微乎其微。因此本书选取 2016 年粗钢产量 1000 万吨以上的钢铁企业，以钢铁企业为供应链的核心企业，进行单个企业绩效评价的同时也进行了企业间的比较。

第3章

钢铁企业供应链现状及问题分析

对钢铁企业供应链而言，最为核心的是钢铁企业，对于钢铁企业供应链的所有分析都必须围绕这个核心展开，本书以钢铁企业为核心企业，从供应链上下游协同和钢铁企业本身两个方面对钢铁企业供应链的现状展开分析。

3.1　钢铁企业供应链的现状

3.1.1　钢铁企业供应链上下游协同现状分析

从上游原燃料方面看，国内钢铁企业能源和还原剂平均成本高于国外 10.8 个百分点。与 2015 年相比，2016 年的国内铁矿石原矿生产量降低 3.01%，但是我国进口铁矿石量上升了 7.48%，再创历史新高，且由于国际市场汇率的变动，铁矿石价格处于波动状态，总体价格有所上升。此外，铁矿石整体产量减少了 3000 万吨，钢铁企业将面临原燃料紧缺的局面。焦炭产量在 2016 年整年同比增加 0.6%，煤炭价格的大幅度上涨使得国内焦炭的价格也在大幅度上涨，钢铁企业购买煤炭成本必然增加。这些情况都说明，上游原燃料供应量不足、进口多及价格上涨，都会给我国钢铁企业生产经营造成一定压力。而目前我国大部分钢铁企业与上游原料供应商都未签订上期合作协议，信息不对称，对上游市场的变化不能及时了解，在采购原材料时会出现偏差，会有库存积压，消耗更多资源。此外，只有少数企业如宝钢等在选择供应商时，会考虑企业是否具有相关环节管理体系认证，动态跟踪和行业的环保要求，对采购的物品进行环保属性的识别，同时选择与部分各方面条件好的供应商开展研究和合作，大部分企业在选择供应商时不考虑这些。

从下游消费来看，如图 3 - 1 所示，目前我国钢铁企业生产的钢材多半是普通钢，大部分用于低端行业，对于一些高端产品需要的钢还不能自主生产，比如用在飞机上的一些配件等。同时，钢铁供应链的核心就是钢铁企业，其未定期对市场进行调研，还不能够及时准确地掌握市场需求的变化情况，在原材料采购、制订生产计划、运输等方面还不能将供应商和分销商增加进来，共同参与制订最优的生产计划，导致部分产品不符合市场需求，库存积压等情况。并且我国钢铁企业提高顾客管理水平主要通过技术手段实现，而不是关注服务水平，国外钢铁企业与我国有所不同，他们主要是通过下游顾客的需求的深入调研，引入互联网思维，通过智能化手段了解顾客特点、需求，提升顾客服务和管理水平。

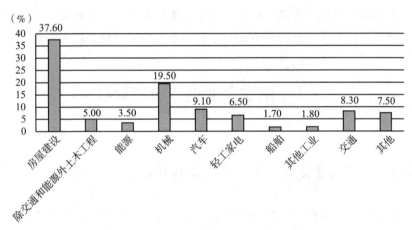

图 3 - 1　2016 年下游钢材消费量占比情况

3.1.2　供应链核心钢铁企业现状分析

钢铁企业是一个需要大量的耗损资源和能源的产业，也仍旧是一个需要重点监测排污情况的产业，假如企业装备先进、工序水平整体提高，就可以使废弃物回收比例大幅度增加，排放的污染物可以大幅度降低，最大限度地减少对环境的危害。

1. 钢铁企业装备现状

我国目前约有 1200 台以上的烧结机，重点企业拥有 457 台，中小型烧结机仍旧占很高的比例，虽然这些烧结机很多都配备了环保装置，但存在烧结平均面积偏小，技术装备差距大，漏风率普遍比国外先进水平高，烧结烟气综合治理总体水平不高，自动控制测量水平低、测量不够精准、效果不佳等问题。此外，据不完全统计，球团装备大型化得到一定发展，年生产能力≥120（200）万吨链箅机—回转窑球团生产新达 35（16）条，总生产能力 6190（3870）万吨，但是目前的这些装备因为技术水平不高，所以生产出的生球质量不高，与国外相比，球团整个生产的大型化也是相当滞后的，而且现有的生产线中，小型的生产线也占相当大的比重，装备更多地需要人工操作和监控，生产的效率也堪忧。因此，与国外球团生产先进水平相比，我国生产球团矿所消耗的资源和能源要高出一倍，没有严格控制烟气，仅有的一些防尘措施也无法阻止球团生产对环境的严重污染。

全国总产能中，其中 40% 属于钢铁企业的炼焦的产能，逐步广泛使用低水分熄焦技术与装备、干熄焦技术与装备，但炼焦技术与发达国家相比还存在差距，主要表现在焦炉大型化、焦炉炉体长寿化、焦炉加热形式和焦炉机械操作自动化控制、节能环保等方面。此外，高炉的数量和节能减排装备也得到发展，产能提升，但是技术水平参差不齐，先进与落后之间差距较大，高炉数量多，且高炉平均容量小。

在转炉炼钢装备方面，我国有 228 座 100 吨以上的大型转炉，其中 12 座是 300 吨特大型转炉，还存在高比例的小型转炉，与精炼、连铸的匹配关系还存在较大问题，企业间的装备水平及操作水平发展不平衡。

在电炉炼钢装备方面，能够独立自主的设计和制造炼钢电弧炉，尽管如此，我国对于电炉钢的使用比例并不高，这将会对整个行业的能源消耗和碳排放量产生一些影响，与世界先进水平相比较而言，优化工艺技术的节能和高效使用方面、原料搭配方面都具有较大的差距。在铁水预处理技术和连铸装备等方面取得一定成就，但效率低，新装备开发能力不足等。

在轧钢装备方面改进较大，水平先进，但自主创新水平不高，还没有掌握关键技术。与国外相比，我国自己生产的一些装备，整体的控制程度都不高，生产需要设置的一些参数精度也低，生产出的产品的质量也不高，满足不了要求产品具有高技术含量的行业。

在钢铁企业实行节约能源、减少排放的相关措施中，装备设施是最主要的部分，降低污染物的排放主要是在生产过程中先进技术装备的使用，这些装备的使用可以减少污染物的产生，有些装备可以将污染物进行回收二次利用，从而降低对外界的排放。而我国钢铁企业目前的装备情况来看，虽然都安装了相关的环保装备，但是有很多企业不使用这些设备，而且水平不一，技术相对落后，防尘性能、回收效率较低，从而导致污染物排放量大，对环境影响严重。

2. 钢铁企业节能环保进展现状

目前市场对于钢铁产品的需求量远小于我国钢铁企业能够生产出的钢铁产品，多数企业的很多设备都处于停运状态，很难控制和治理由于大规模的消耗化石燃料而产生的一些污染空气的物质。污染物排放出的监测结果达不到国际标准，缺少治理污染物的先进设备，而且很多企业不按照相关规定，暗地里随意排放的问题也很严重。污染物排放的现状相当堪忧，目前国内的节能减排水平远跟不上污染程度，就拿我国钢铁行业中的重点企业来看，其水平也低于国际的先进水平。2015 年，钢铁行业在国内全部工业中废水排放量占总量的5%，紧排在煤炭开采和洗选业、纺织业、化学原料和化学行业之后，而有能力处理的废水量要小于废水的排放量；废水排放量占总量的25.4%，位居第二。此外，通过查阅《2016 年中国环境统计年鉴》，得知2015 年钢铁行业共排放烟粉尘 240.3 万吨，占工业总排放的 21.7%，排放 267.1 万吨的氮氧化物，占工业总排放的 24.6%，排放 203.8 万吨的二氧化硫，占工业总排放的14.6%；排放 7.6 万吨的 COD，占工业总排放的 3%，排放 0.5 万吨的氨氮，占工业总排放的 2.7%；排放 4.3 亿吨的固体废弃物，占工业行业总排放的13.8%，固废综合利用率为90%，不过依旧有 8.46 万吨的固体废弃物被倾倒抛弃，见表 3-1。经过对各种污染物排放量情况的总结，目前钢铁企业的节能环保情况并不乐观，限制钢铁企业污染物排放，改善环境，任重而道远。

表 3-1　　　　　　钢铁行业污染物排放量占全国工业排放总量比例　　　　　单位：%

年份	二氧化硫	烟粉尘	废水	COD	氨氮	固废
2012	13.5	18.9	5.2	2.5	2.7	13.4
2015	14.6	21.7	5	3	2.7	13.8

从近些年来环保部督察京津冀及周边地区的钢铁企业环保情况来看，相当部分企业及大量"散乱污"企业污染物排放超标严重，只有较少企业通过 ISO 14000 环境管理体系认证，企业环保工作重视度低，内部环境管理和环保技术水平不高，对于在日常生产过程中尽可能地降低污染物排放量缺乏认识，实行相关的规定和措施方面积极性不高，这些行为对环境也产生了一些负面影响。

加上地方政府监督缺位，企业污染防治设施不能有效运行，甚至未完全安装污染治理设施，无组织排放严重，企业数量多、污染物排放浓度远超标准，对外界环境造成不可忽视的影响。

3.2 钢铁企业供应链存在的问题

近些年来，钢铁企业在供应链运营及节能环保方面取得很大的进步，但仍然主要存在以下一些问题。

（1）上游原燃料市场价格不稳定，造成采购成本上升。这将可能引起库存的上升等，当库存增加时，管理库存需要耗费的资源也会增多。

（2）供应链上的企业相互之间少有合作。钢铁企业作为供应链的核心，很多都尚未与供应商和分销商进行信息交流，不能及时了解上游原燃料和下游市场需求的变化趋势，从而不能及时调整生产计划，致使运作效率低，资源消耗和污染物排放增加。

（3）节能环保意识不足。很多企业装备和技术跟新跟不上排污的速度，资源利用率低，不注重节能减排，在实施节能环保措施的过程中有所懈怠，缺乏考评机制，将生产经营的一些负面影响外部化，让社会承担。

所以，要想对现有钢铁企业的低碳供应链进行优化，首先就需要梳理它的发展现状，基于这个前提才能更好地进行低碳供应链的管理工作。在进行优化之前，需先知道都存在哪些问题，目前是什么样的情况。本书的初衷就是通过评价将上述需要知道的信息识别出来，所以展开了此次题目的研究。

3.3 本 章 小 结

本章首先从钢铁企业供应链和钢铁企业本身两个方面分析了钢铁企业供应链的现状，接着指出目前钢铁企业供应链存在一些问题，得出评价钢铁企业低碳供应链绩效势在必行。本章内容是第 4 章内容的基础，为钢铁企业低碳供应链指标体系的选取提供基础。

第4章

钢铁企业供应链质量管理
关键问题研究

4.1 供应链协同产品设计与开发模型及策略研究

Clark 和 Fujimoto 于 1991 年就提倡在设计阶段就让供应商参与，供应商的参与是制造商与供应商建立垂直合作的关系。这种垂直合作关系比垂直整合关系更具弹性，与一般传统交易关系相比更具效率（Bidualt & Butler，1998；Pelton & Lumpkin，1997），而且有系统地将供应商整合到生产与设计程序中，让供应商在产品的最初阶段便直接参与设计与沟通，这样供应商可以提供其创造力和技术以及对新产品的建议，有利于提高产品最终质量。相应地，制造商亦可向供应商提供相关的市场信息，而供应商在协同设计阶段也必须承担一定的责任，如子系统的设计、特定部分的完整开发、设计与工程等责任（Bonaccorsi & Lippaini，1994；Dyer & Nobeoka，2000；Liker，Kamath & Watsi，1996）。

随着越来越多的企业认识到产品开发中引入供应商对产品质量的重要性，供应商参与问题的研究也越来越得到重视。过去的研究主要集中在对供应商参与的定义及其角色、程度的描述，以及对供应商参与动机的探讨等方面。Bidualt（1998）将供应商参与定义为垂直合作的一种方式，认为供应商在产品开发或研发早期便应该参与进来。Wasti 和 Liker（1997）认为，供应商参与就是供应商共同参与新产品的设计工作。Kamath 和 Liker（1994）提出七个角度来衡量供应商在产品开发过程中所扮演的角色：设计责任、供应商对规格影响力、产品的复杂程度、供应商参与的阶段、规格提供、零部件测试的责任和供应商的技术能力。Labahn 和 Krapfel（2000）定义供应商参与设计与开发就是供应商愿意并且承诺在产品设计的早期阶段便与客户紧密合作，并投入相应的资源。Wynstra 和 Pierick（2000）提出以供应商对产品开发所需承担的责任及产品开发风险两个方面来衡量供应商参与产品设计与开发的程度。Calvi（2001）在 Wynstra 和 Pierick（2000）基础上提出了一个改良的供应商参与角色的组合。黄俊等（2007）对我国供应商参与设计与开发进行了实证研究。叶飞等（2006）从供应商的角度出发，识别了促使供应商参与新产品开发的 8 个重要动机。过去关于供应商参与的文献多以供应商参与所能获得的利益来进行描述性分析，而较少涉及产品开发时，定量地研究制造商如何与供应商确定最佳的交流次数，以及探讨最佳的交流次数的影响因素。

4.1.1　供应链协同产品设计与开发过程描述

考虑一个钢铁企业（作为下游用户的供应商）和一个下游用户协同进行产品设计与开发，从并行产品开发的实际来看，钢铁企业设计活动与下游用户设计活动之间的信息联系是双向的。钢铁企业进行设计活动必然需要用户提供的相关信息，而钢铁企业在进行设计期间如果发现用户设计信息的错误或者在现有条件下不能实现的设计方案，必然也会反馈给用户，以便用户设计活动尽早修改，从而避免将来更大的设计返工。

以下建立的模型中，假定用户设计信息完全正确并且在现有技术条件下其设计方案是可以实现的，同时不考虑成本资源约束，这样钢铁企业设计活动无反馈，则钢铁企业和下游用户的设计活动的信息交流是单向传递的，如 Loch 和 Terwiesch（1998）所述，假定下游用户的拟定设计时间为 T，钢铁企业在 t_0 时刻参与协同设计，则 t_0 必然满足 $0 \leqslant t_0 \leqslant T$，当 $t_0 = 0$ 时说明钢铁企业在下游用户进行设计与开发活动最初就参与进来。

在这样的假定下可知，钢铁企业与下游用户协同进行产品设计与开发的时间为 $T - t_0$。假设在 $T - t_0$ 的协同时间内，钢铁企业与下游用户共进行 $n(n \geqslant 2)$ 次信息交流，且信息交流的间隔时间是等距的，那么每次信息交流的时间间隔 $\Delta t = \dfrac{T - t_0}{n - 1}$。图 4 - 1 更直观地显示了钢铁企业与下游用户进行协同设计与开发的过程：

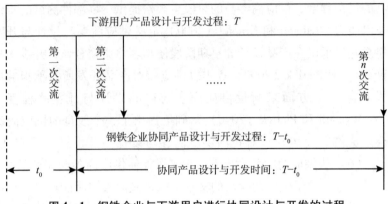

图 4-1　钢铁企业与下游用户进行协同设计与开发的过程

4.1.2　知识累积函数的提出与拓展

从知识管理的观点来看，产品的设计与开发是一个充满探索性的过程，因此每个设计活动过程都是一个知识不断累积的过程。基于此观点，Sobieski（1989）和 Krishnan 等（1995）使用知识累积函数来描述设计活动知识的动态变化过程。知识累积函数描述了设计任务知识累积的程度与设计完成时间的关系。马文建等（2008）在此基础上考虑了设计任务的创新程度对设计开发任务进度的影响，建立了新的知识累积函数，本书在其基础上，引入供应商创新能力指数，进一步拓展了知识累积函数。相同的设计任务对不同的供应商来说难度是不同的，有的供应商企业创新能力强，技术能力和管理能力也相对强，而有的供应商创新的能力较差，也不能人尽其才。选择不同的供应商，会影响到具体的设计活动的完成时间和完成质量，并且对其参与的策略选择也有重要影响。

本书将知识累积函数看成是描述随着设计任务不断开展，设计任务的知识的累积程度和设计任务知识累积演化的轨迹，如图 4-2 所示。

横坐标为产品设计与开发的时间，纵坐标为产品设计与开发活动随着设计活动开展的知识累积率。从图 4-2 可以看出，与设计任务 B 相比，任务 A 的创新程度更大。

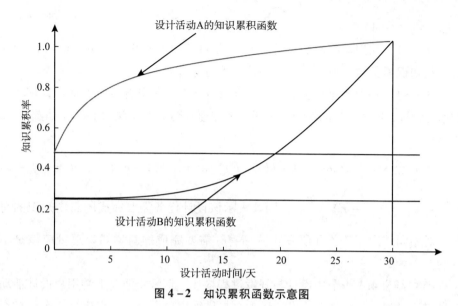

图 4 - 2　知识累积函数示意图

拓展的知识累积函数表达式为

$$f(t) = k(1-E) \times \left(\frac{t}{T}\right)^{\alpha} + \left[1 - k(1-E)\right] \qquad (4-1)$$

式中，$f(t)$ 为设计与开发活动的知识累积率，$0 \leqslant f(t) \leqslant 1$；$k$ 为设计与开发活动的创新指数，$0 \leqslant k \leqslant 1$；$E$ 为企业创新能力指数，$0 \leqslant E \leqslant 1$；$t$ 为设计与开发活动的时间，$t \leqslant T$；T 为设计与开发活动预期完成的总时间；α 为设计与开发活动的知识累积演化轨迹指数，$\alpha \geqslant 0$。

对拓展的知识累积函数需要说明以下事项。

（1）$1 - k(1-E)$ 决定了知识累积函数与 y 轴的截距，是一次设计与开发活动的开发基础，由此活动的创新难度和供应商创新能力共同决定。对于同样一个任务，E 越大，即企业创新能力越强，其开发基础就越好。

（2）若 $k = 0$，此时知识累积函数为截距为 1 的直线，说明该设计与开发任务无任何创新性；若 $k = 1$，此时知识累积函数为从原点开始的一条曲线，说明此项设计与开发任务是全新的，无任何经验可借鉴。在实际的产品设计与开发过程中，更多的是介于这两种情况之间。

（3）α 表示设计与开发活动的知识累积演化轨迹指数（后文简称知识累积演化轨迹），分以下三种情况。

①$\alpha < 1$，知识累积演化轨迹的特点为在设计与开发任务开发的前期，知识累积的速度较快，而在后期知识累积的速度相对减缓，图形上表现为上凸

29

（见图 4 – 2 中 A）。

②$\alpha = 1$，知识累积函数变为线性，说明了知识累积是随着时间线性增加的，是知识累积的一种"匀速"情况，实际中非常少见。

③$\alpha > 1$，知识演化轨迹的特点是在设计与开发任务开发的前期，知识累积的速度较慢，而在后期的知识累积则呈现加速，图形上表现为下凹（如图 4 – 2 中 B）。

（4）令 $S = \int_0^T \{f(t) - [1 - k(1 - E)]\} \mathrm{d}t = \int_0^T k(1 - E)\left(\frac{t}{T}\right)^\alpha \mathrm{d}t = k(1 - E)$

$\int_0^T \left(\frac{t}{T}\right)^\alpha \mathrm{d}t = k(1 - E)\frac{T}{\alpha + 1}$，则 S 表示该设计任务需要完成的新增知识的总量，对相同的设计任务和研发团队而言，需要完成的新增知识总量应该是不变的。

（5）结合 4.1.1 节中设计与开发过程描述，钢铁企业与下游用户设计活动信息交流过程是：钢铁企业设计活动在与最终用户设计活动完成第一次信息交流后，最终用户开展设计活动工作 $\Delta t = \frac{T - t_0}{n - 1}$ 后，其知识累积率会发生变化，此时钢铁企业与最终用户设计活动进行第二次信息交流，此时由于最终用户的知识累积率比第一次信息交流的时候的知识累积率高，因此双方对已完成的工作需要进行交流，基于新的知识累积看是否有需要修正之处，并规划下一阶段的活动。

4.1.3　设计返工函数的提出与构建

由于产品的复杂性，因此现代产品设计与开发的基本特征之一就是其过程的迭代性。设计迭代意味着重做和改进前面所做的设计工作，它导致了进度风险和重复设计，这项重复工作我们称为设计返工。基于此，本书引入设计返工函数，该函数反映了供应商设计活动知识累积率与制造商设计活动的设计返工率之间的动态变化关系。

设计返工函数是与知识累积率有关的，由于知识累积率是随着时间推移逐渐增加的，可能会导致最初的一些设计方案改变等，这样就会造成需要进行设计返工的无效工作时间，无效工作时间与该工作时间段的比值称为设计返工率。由于假定用户设计信息完全正确并且在现有技术条件下其设计方案是可以实现的，同时不考虑成本资源约束，这样钢铁企业设计活动无反馈，则钢铁企业和下游用户的设计活动的信息交流是单向传递，那么设计返工针对钢铁企业，与需求用户无关。描述设计返工函数的数学形式很多，本书引入的设计返工函数如图 4 – 3 所示。

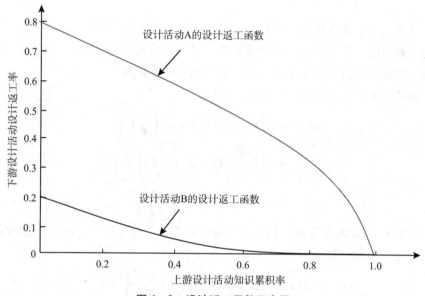

图 4 – 3 设计返工函数示意图

$$g(x) = m(1-x)^{\beta} \tag{4-2}$$

式中，$g(x)$ 为设计与开发活动的设计返工率；x 为最终用户设计与开发活动知识累积率，$0 \leqslant x \leqslant 1$；$m$ 为上游设计活动信息对下游设计活动开展的重要度，$0 \leqslant m \leqslant 1$；$\beta$ 为该指数的大小决定了设计返工函数的形状，$\beta \geqslant 0$。

对设计返工函数需要说明以下事项。

（1）m：$0 \leqslant m \leqslant 1$，表示下游设计活动对其他设计活动的依赖程度。当 $m = 0$ 时，说明上游设计活动的知识累积率大小不影响下游设计活动的开展，此时不会造成设计返工；当 $m = 1$，则说明上游设计活动的信息对下游设计活动的开展至关重要，如果没有上游设计活动的信息，则下游设计活动无法开展。m 的大小决定了设计返工函数和 y 轴的截距。

（2）β 的大小也从反映了承担该设计与开发活动的技术能力，从 $E[g(x)] = \int_0^1 g(x)\,\mathrm{d}x = \dfrac{m}{\beta+1}$ 得下游设计任务返工率的期望值，反映了上游设计活动知识累积率对下游设计活动的设计返工率的平均水平。

（3）$\beta \geqslant 0$，当 $\beta = 0$ 时，设计返工函数为一直线，其含义为上游活动的知识累积程度对下游设计活动的开展影响为常数，不随上游知识累积程度大小而变化。

4.1.4 供应链协同产品设计与开发模型及策略

首先，上下游职能部门间信息交流的不充分可能会造成产品开发较大的设计返工和修改，甚至降低产品开发质量；其次，信息交流也需要一定的成本和时间，频繁的信息交流会干扰各自开发计划的顺利执行。

将式（4-1）代入式（4-2），可得

$$g(t) = m\left[k - kE - k(1-E)\left(\frac{t}{T}\right)^{\alpha} \right]^{\beta}$$

$$= m\left[k(1-E) - k(1-E)\left(\frac{t}{T}\right)^{\alpha} \right]^{\beta}$$

$$= mk^{\beta}(1-E)^{\beta}\left[1 - \left(\frac{t}{T}\right)^{\alpha} \right]^{\beta} \tag{4-3}$$

在第 i 个 Δt 时间段内，钢铁企业设计返工率、设计返工时间（无效时间）和有效工作时间分别为

$$g(t_i) = mk^{\beta}(1-E)^{\beta}\left[1 - \left(\frac{t_i}{T}\right)^{\alpha} \right]^{\beta} \tag{4-4}$$

$$t_i^r = g(t_i)\Delta t \tag{4-5}$$

$$t_i^e = [1 - g(t_i)]\Delta t \tag{4-6}$$

式中，$t_i = t_0 + (i-1)\Delta t$，$i = 1, 2, \cdots, n-1$。

则钢铁企业总的返工时间（无效工作时间）和总的有效工作时间为

$$T_{无效} = \sum_{i=1}^{n-1} g(t_i)\Delta t = \sum_{i=1}^{n-1} mk^{\beta}(1-E)^{\beta}\left[1 - \left(\frac{t_i}{T}\right)^{\alpha} \right]^{\beta} \frac{T-t_0}{n-1} \tag{4-7}$$

$$T_{有效} = \sum_{i=1}^{n-1} [1 - g(t_i)]\Delta t = \sum_{i=1}^{n-1} \left\{ 1 - mk^{\beta}(1-E)^{\beta}\left[1 - \left(\frac{t_i}{T}\right)^{\alpha} \right]^{\beta} \right\} \frac{T-t_0}{n-1} \tag{4-8}$$

假设信息交流成本为

$$(n-1)[b_1 + b_2(1-E)]$$

协同产品设计与开发的总成本函数为

$$\pi(t_0, n) = (n-1)[b_1 + b_2(1-E)] + aT_{无效} + bT_{有效} \tag{4-9}$$

式中，a 为钢铁企业设计返工的单位时间成本，一般来讲，产品开发过程中，随着设计开发经验的积累，其单位时间设计返工成本随着设计开发过程的不断

进行而减少，这就是单位时间设计返工成本的学习效应，本书不考虑单位时间设计返工的学习效应，即 a 为常数。

b 表示有效工作的单位时间成本，理论上讲 b_1 和 $b_2(1-E)$ 分别为用户和钢铁企业的每次信息交流成本，信息交流成本也是与钢铁企业创新能力有关的，创新能力越强，信息交流的成本越低。

至此，可得到钢铁企业与用户协同设计与开发的模型为

$$\min \pi(t_0, n)$$

$$= \min \left\{ (n-1) \left[b_1 + b_2(1-E) \right] + aT_{无效} + bT_{有效} \right\}$$

$$= \min \left\{ (n-1) \left[b_1 + b_2(1-E) \right] + a \sum_{i=1}^{n-1} mk^\beta (1-E)^\beta \left[1 - \left(\frac{t_i}{T} \right)^\alpha \right]^\beta \frac{T-t_0}{n-1} \right.$$

$$\left. + b \sum_{i=1}^{n-1} \left\{ 1 - mk^\beta (1-E)^\beta \left[1 - \left(\frac{t_i}{T} \right)^\alpha \right]^\beta \right\} \frac{T-t_0}{n-1} \right\} \qquad (4-10)$$

约束于：

$$n \geq 1,$$
$$0 \leq t_0 \leq T$$
$$0 \leq m \leq 1$$
$$0 \leq k \leq 1$$
$$a \geq b$$

4.1.5　实例分析

钢铁产品的研发周期有几个月到几年不等，在本书实例中，某家电板的预订设计与开发时间为 1 年（约 240 个工作日），假定最频繁的交流次数为两天一次，那么 $2 \leq n \leq 120$，同时本文所持观点是供应商要尽早地参与到新产品的设计与开发过程中，因此 $t_0 = 0$，其他参数赋值见表 4-1。

表 4-1　　　　　　　　　供应链协同产品设计与开发参数赋值表

b_1	b_2	a	b	m	k	β	T	E	α
800	900	1000	1400	0.45	0.35	2	240	0.5	0.5

1. 协同产品设计与开发的总成本 π 与交流次数 n 的关系探讨

首先本书探讨在这样的赋值情况下，交流次数为多少的情况下协同产品设

计与开发总成本最低。应用 MATLAB 进行编程求解，求解得到的结果显示，总的交流次数在 32 次的时候，协同产品设计与开发的总成本最低，令协同产品设计与开发的总成本最低的交流次数用 n^* 表示，即 $n^* = 32$。如图 4－4 所示。

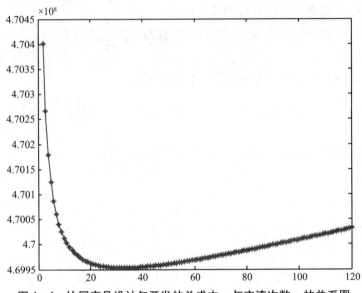

图 4－4　协同产品设计与开发的总成本 π 与交流次数 n 的关系图

2. n^* 与企业创新能力指数 E 及协同产品设计与开发的总成本 π 的关系探讨

不同的企业创新能力指数不同，那么创新能力的强弱与交流次数是否存在关系，存在着怎样的关系也是本书所关心的问题。于是应用 MATLAB 求解，分别研究 E 取值为 0.1，0.2，0.3，0.4，0.5，0.6，0.7，0.8，0.9，1.0 时，对应的协同产品设计与开发总成本最低的 n^* 求解情况。求解得到的结果显示，在其他赋值不变的情况下，n^* 与企业创新能力指数 E 基本呈很明显的线性负相关关系，如图 4－5 所示。

从图 4－5 中可以明显地看出，在供应链协同产品设计与开发过程中，随着企业创新能力 E 的加强，n^* 减少的趋势很明显，而根据供应链协同产品设计与开发总成本的公式，随着 E 增大，n 减小，总成本也是随之减少的，这说明在供应链协同产品设计与开发的过程中，一定要尽量选择创新能力较强的供应商进行合作，将会十分有利于降低供应链协同产品设计与开发的总成本。

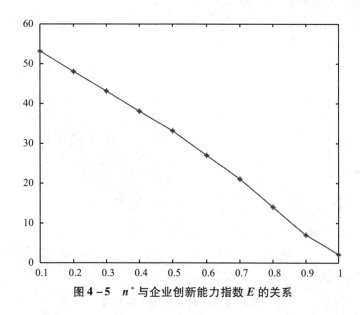

图 4 - 5　n^* 与企业创新能力指数 E 的关系

3. n^* 与设计与开发活动的知识累积演化轨迹 α 及协同产品设计与开发的总成本 π 的关系探讨

4.1.2 节已经提到 α 表示设计与开发活动的知识累积演化轨迹，并给出了 α 三种取值情况。

本节进一步研究 α 在这三种情况下，与 n^* 以及协同产品设计与开发的总成本 π 的关系，于是应用 MATLAB 进行求解，分别研究其他取值不变的情况下，α 取值为 0.1，0.2，0.3，0.4，0.5，0.6，0.7，0.8，0.9，1.0，1.1，1.2，1.3，1.4，1.5，1.6，1.7，1.8，1.9，2，3，4 时，对应的协同产品设计与开发总成本 π 和 n^* 的求解情况，MATLAB 求解结果如图 4 - 6 所示。

由于三维图效果不是非常直观，本节又分别给出了产品设计与开发活动的知识累积演化轨迹 α 与最优交流次数 n^* 与设计的关系图（见图 4 - 7）以及 α 与协同产品设计与开发的总成本 π 的关系图（见图 4 - 8）。

由图 4 - 7 可以很明确地看出 $\alpha = 1$ 是一个分界岭，当 $\alpha < 1$ 时，即设计与开发任务前期知识快速累积，后期知识累积相对减缓的情况下，最优交流次数 n^* 随着 α 的增大而快速增大，尤其是在 $\alpha < 0.5$ 时，n^* 的变化相当明显，具体结果见表 4 - 2。

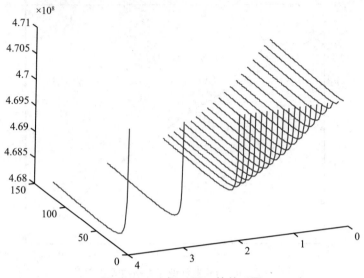

图 4 – 6 n^* 与 α 及 π 的关系图

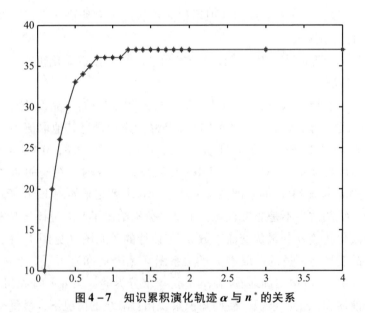

图 4 – 7   知识累积演化轨迹 α 与 n^* 的关系

表 4 – 2　　　　　知识累积演化轨迹 α（ <1 ）与最优交流次数 n^* 的关系

α	0.1	0.2	0.3	0.4	0.5	0.6	0.7	0.8	0.9	1
n^*	10	20	26	30	33	34	35	36	36	36

由表 4 - 2 可以看到当 α 取 0.8，0.9，1 时，最优交流次数 n^* 稳定在 36 次。当 $\alpha > 1$ 时，即知识演化轨迹的特点是前期进展缓慢，后期的知识累积呈现加速的趋势，这种情况下，α 与 n^* 的关系并不大，具体结果见表 4 - 3。

表 4 - 3   知识累积演化轨迹 $\alpha(>1)$ 与最优交流次数 n^* 的关系

α	1.1	1.2	1.3	1.4	1.5	1.6	1.7	1.8	1.9	2	3	4
n^*	36	37	37	37	37	37	37	37	37	37	37	37

从表 4 - 3 可以看出，当 $\alpha > 1$ 时，最优交流次数 n^* 维持在 37 次不变，也就是说在其他参数取值不变的情况下，如果设计与开发任务的特点是前期进展较缓慢，后期呈现加速，那么供应商与制造商的最优交流次数维持在 37 次左右。

虽然当 $\alpha > 1$ 时，n^* 保持不变，但是协同产品设计与开发的总成本 π 却随着 α 的增大不断减少（见图 4 - 8），也就是说，不同的产品设计与开发任务知识累积演化轨迹，其协同产品设计与开发的总成本也是不同的，并且随着 α 从 0.1 ~ 4，协同产品设计与开发的总成本 π 呈下降趋势。也就是说，在协同产品设计与开发过程中，最好设计活动的特点是前期进展较缓慢，后期呈现加速，这种特点的任务总成本较低。

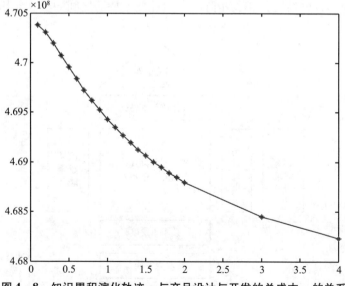

图 4 - 8   知识累积演化轨迹 α 与产品设计与开发的总成本 π 的关系

4.2　面向供应链质量策划的质量功能展开模型

4.2.1　质量功能展开的原理

质量功能展开（Quality Function Deployment）是一种在设计阶段应用的系统方法，它采用一定的方法保证将来自于顾客或市场的需求映射到有关质量技术和措施中去。三菱重工的神户造船厂于 1972 年应用这一技术，并取得了很大的成功，此后 QFD 相继被日本其他公司所采用。日本丰田公司于 1977 年开始应用 QFD，7 年时间，使得新产品的开发周期缩短了 1/3，新产品的开发成本下降了 60%，公司产品的质量也有了很大的改进。

QFD 采用矩阵图解法建立顾客需求和技术设计需求之间的相互联系，这一图解方法称为质量屋（House of Quality），质量屋的基本结构如图 4-9 所示。图 4-9 左侧列示了通过各种方法获取顾客需求，需求权重是需求重要程度的等级排列。顾客需求是 QFD 的最基本的输入。顾客需求的获取是 QFD 过程中最为关键也是最为困难的一步。要通过各种市场调查方法和各种渠道搜集顾客需求，然后进行汇集、分类和整理。图 4-9 右侧是顾客对不同产品在满足需求方面的打分情况，相关矩阵说明设计技术特征之间的相互作用关系。

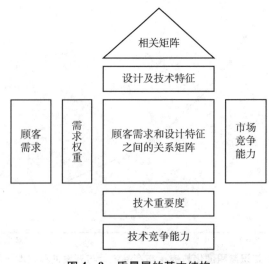

图 4-9　质量屋的基本结构

4.2.2　面向供应链协同质量策划的多质量屋递阶 QFD 模型

本书建立了面向供应链协同质量策划的多质量屋递阶 QFD 模型，如图 4 – 10 所示，该模型有以下几个作用。

（1）将供应链的最终顾客和中间顾客的需求映射到供应链成员企业的各个部门、各个科室直至每位工作人员，切实地将供应链最终顾客和中间顾客的需求落实到每位工作人员的具体职责上。

（2）可以评估供应链成员企业的某部门哪些职责是与顾客需求紧密相关的，应重点落实、监督与顾客需求相关度大的管理职责的实施情况。

（3）该模型可以帮助供应链成员企业分析本企业内部门、科室的哪些职责实施还不够令顾客满意，需要改善。

面向供应链协同质量策划的多质量屋递阶 QFD 模型具有以下几个特点。

（1）此模型包含了三个子质量屋：供应商质量屋、制造商质量屋、分销商质量屋。当然也可以再细化，如原材料供应商质量屋、原配件供应商质量屋、一级分销商质量屋、二级分销商质量屋等，本模型仅考虑了最简单的链式供应链。

（2）此模型是面向供应链进行的质量策划，目的是满足供应链顾客对质量的需求，这里的顾客不仅仅指产品的最终顾客，还包括供应链中间顾客，研究顾客需求与供应链各成员企业的管理职责的关系，即如何提高供应链各成员企业的管理职责来更好地满足顾客对质量的需求。

（3）此模型建立了一个包含了多个子质量屋的 QFD 模型，而并没有一个一个分开建立质量屋，是因为不同的质量屋之间也存在相关关系，表现在供应商制造商矩阵、供应商分销商矩阵和制造商分销商矩阵上。此模型更好地把这几个成员企业的联系体现出来。

（4）此模型还可以将供应链成员企业管理职责通过部门管理职责、科室指令具体安排到个人，如图 4 – 10 所示的递阶关系，通过将上一阶段的天花板主要项目转换成下一个阶段的质量屋左墙，一阶质量屋是面向供应链质量策划的供应链成员企业管理职责分析，二阶质量屋是将供应链成员企业管理职责映射到各部门管理职责，三阶质量屋是将部门职责映射到供应链成员企业各科室指令，四阶质量屋是将供应链成员企业各科室指令映射到个人安排，通过这样的递阶映射，完成了从顾客需求到个人安排的准确对应，真正实现了把供应链顾客对质量的需求落实到每个人的职责上。

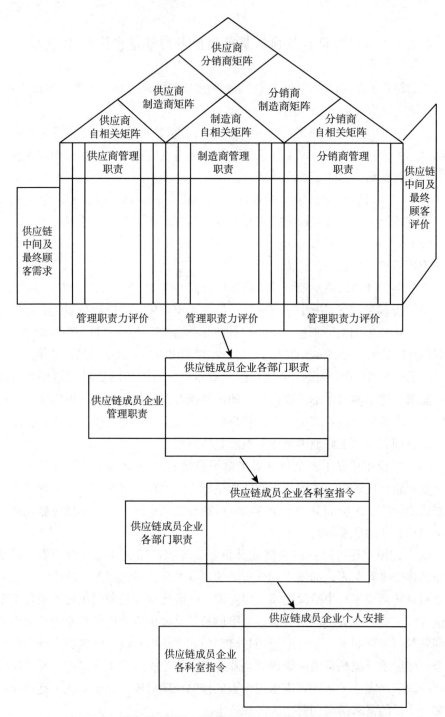

图 4-10 面向供应链协同质量策划的多质量屋递阶 QFD 模型

为了更好地说明该模型的应用，本书给出了示意图，顾客需求是从包钢对客户所做调查问卷中总结而来，管理职责是从包钢的有关管理职责的说明书中提炼总结而来，但是由于篇幅有限，仅给出了部分一阶质量屋（见图4-11）和部分二阶质量屋（见图4-12），在面向供应链协同质量策划的一阶QFD模

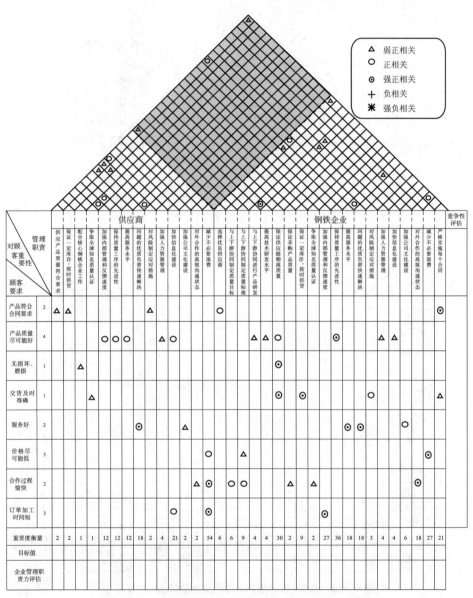

图4-11　面向供应链协同质量策划的一阶QFD模型

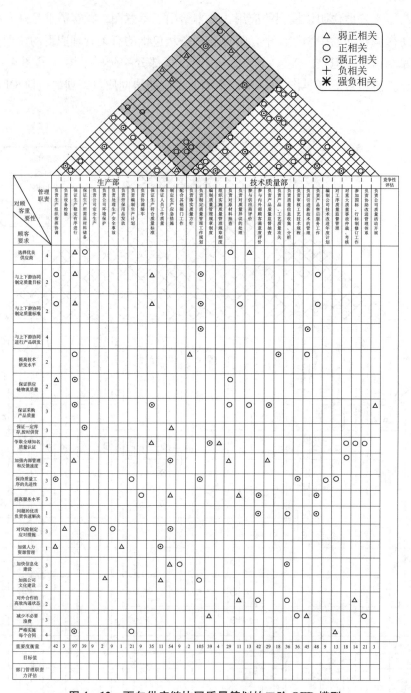

图 4-12 面向供应链协同质量策划的二阶 QFD 模型

型中，仅给出了供应商和钢铁企业的管理职责，还可以添加分销商、物流方等。在面向供应链协同质量策划的二阶 QFD 模型中，仅给出了生产部和技术质量部的管理职责，不同的钢铁企业还可根据自身的部门划分在此基础上进行添加。

4.2.3　多质量屋递阶 QFD 多目标规划模型

在应用面向供应链协同质量策划的多质量屋递阶 QFD 模型中，确定管理职责的改善率是一个很重要的环节，目前在确定改善率的方面，主要依靠有经验的人员，采用主观的、启发式方法来确定，往往无法优化质量屋中各种矛盾和冲突，只能得到可行解，很难得到最优解。另外，目前对 QFD 的利用和研究大都是从单个质量的角度展开的，而本书建立的面向供应链协同质量策划的多质量屋递阶立体 QFD 模型，含有三个子质量屋：供应商质量屋、制造商质量屋、分销商质量屋，也就是多质量屋问题，以用来最优化改善率。

1. 目标函数的建立

假设共有 m 个顾客需求，n 个质量屋，第 $i(i=1, 2, \cdots, n)$ 个质量屋有 n_i 个管理职责。设第 k 个顾客需求记为 CR_k，相对权重为 w_k，对第 k 个顾客需求改进目标值是 g_k，第 k 个顾客需求的现有评价值为 n_k，则第 k 个顾客需求的改善率 y_k 可用计算公式表示为：

$$y_k = \frac{g_k}{n_k} \tag{4-11}$$

设 y_k^- 为未达到第 k 个顾客需求的改善率 y_k 的离差量，y_k^+ 为超过到第 k 个顾客需求的改善率 y_k 的离差量。

目标函数中主要考虑成本和时间约束，C_i 表示第 i 个质量屋管理职责改进中单位总成本的上限，是事先确定的值，则 y_{ic}^- 为未达到第 i 个质量屋单位总成本的目标离差值，y_{ic}^+ 为超过第 i 个质量屋单位总成本的目标离差值。T_i 表示第 i 个质量屋管理职责改进中单位总时间的上限，则 y_{it}^- 为未达到第 i 个质量屋单位总时间的目标离差值，y_{it}^+ 为超过单位总时间的目标离差值。M_{ij} 表示第 i 个质量屋 j 个管理职责允许的最大改善率，L_{ij} 表示第 i 个质量屋第 j 个管理职责允许最小改善率。

QFD 多目标规划模型尽量要做到 w_k 与 y_k^- 的乘积之和最小，同时考虑管理职责变更所受到的成本和时间约束，可得到目标函数

$$\min \left| \sum_{k=1}^{m} w_k y_k^- \right|$$

$$\min \left| y_c^+ \right|$$

$$\min \left| y_t^+ \right| \tag{4-12}$$

2. 关联函数、自相关函数、互相关函数约束

我们认为管理职责的提升会导致顾客需求的改善，也就是第 k 个顾客需求的改善率 y_k 与这 n 个质量屋中管理职责的改善率有关系，设 f_k 为它们之间的函数，称为关联函数，设 x_{ij} 为第 i 个质量屋的第 j 个管理职责改善率，则关联函数可表示为

$$y_k \geq f_k(x_{i1}, \ x_{i2}, \ \cdots, \ x_{in_i}) \quad i=1, \ 2, \ \cdots, \ n \tag{4-13}$$

因此关联函数目标约束为

$$f_k(x_{i1}, \ x_{i2}, \ \cdots, \ x_{in_i}) - y_k^- + y_k^+ = y_k \tag{4-14}$$

在每个质量屋内的不同的管理职责的改善率也是存在关系的，x_{ij} 为第 i 个质量屋的第 j 个管理职责改善率，它与同一质量屋内的其他管理职责改善率的函数关系称为自相关函数

$$x_{ij} = g_{ij}(x_{i1}, \ x_{i2}, \ \cdots, \ x_{i(j-1)}, \ x_{i(j+1)}, \ \cdots, \ x_{in_i}) \tag{4-15}$$

多质量屋与单个质量屋一个重要的不同点在于，除了自相关矩阵，不同的质量屋之间还有相关矩阵，不同的质量屋之间的顾客需求改善率也存在相关关系，称为互相关函数 S_{ij}

$$x_{ij} = S_{ij}(x_{11}, \ x_{12}, \ \cdots, \ x_{1n_1}, \ x_{21}, \ x_{22}, \ \cdots, \ x_{2n_2}, \ \cdots, \ x_{(i-1)1}, \ x_{(i-1)2}, \ \cdots,$$
$$x_{(i-1)n_{i-1}}, \ x_{(i+1)1}, \ x_{(i+1)2}, \ \cdots, \ x_{(i+1)n_{i+1}}, \ x_{n1}, \ x_{n2}, \ \cdots, \ x_{nn_i}) \tag{4-16}$$

3. 成本与时间约束

C_i 表示第 i 个质量屋管理职责改进中单位总成本的上限，则成本约束函数为 $U_i(x_{i1}, \ x_{i2}, \ \cdots, \ x_{in_i}) \leq C_i$，$i=1, \ 2, \ \cdots, \ n$。

即

$$U_i(x_{i1}, \ x_{i2}, \ \cdots, \ x_{in_i}) - y_{ic}^+ + y_{ic}^- = C_i, \ i=1, \ 2, \ \cdots, \ n \tag{4-17}$$

同理，成本约束函数为

$$V_i(x_{i1}, \ x_{i2}, \ \cdots, \ x_{in_i}) - y_{it}^+ + y_{it}^- = T_i, \ i=1, \ 2, \ \cdots, \ n \tag{4-18}$$

4. 其他约束

第 i 个质量屋 j 个管理职责的改善率 x_{ij} 允许的改善率内，前面提到 M_{ij} 表示第 i 个质量屋 j 个管理职责允许的最大改善率，L_{ij} 表示第 i 个质量屋第 j 个管理职责允许最小改善率。那么有

$$L_{ij} \leq x_{ij} \leq M_{ij}, \quad i = 1, 2, \cdots, n, j = 1, 2, \cdots, n_i$$

另外，为达到或超过改善率目标、时间目标、成本目标的离差值也应保证为非负值，即

$$y_k^- \geq 0, \quad y_k^+ \geq 0,$$
$$y_{ic}^- \geq 0, \quad y_{ic}^+ \geq 0,$$
$$y_{it}^- \geq 0, \quad y_{it}^+ \geq 0, \quad k = 1, 2, \cdots, m, \quad i = 1, 2, \cdots, n$$

这样，得到多个质量屋的 QFD 多目标规划模型

$$\min \left| \sum_{k=1}^{m} w_k y_k^- \right|$$

$$\min \left| \sum_{i=1}^{n} y_{ic}^+ \right|$$

$$\min \left| \sum_{i=1}^{n} y_{it}^+ \right|$$

s. t. $f_k(x_{i1}, x_{i2}, \cdots, x_{in_i}) + y_k^- - y_k^+ = y_k,$

$x_{ij} = g_{ij}(x_{i1}, x_{i2}, \cdots, x_{i(j-1)}, x_{i(j+1)}, \cdots, x_{in_i}),$

$x_{ij} = S_{ij}(x_{11}, x_{12}, \cdots, x_{1n_1}, x_{21}, x_{22}, \cdots, x_{2n_2}, \cdots, x_{(i-1)1}, x_{(i-1)2}, \cdots,$

$\quad x_{(i-1)n_{i-1}}, x_{(i+1)1}, x_{(i+1)2}, \cdots, x_{(i+1)n_{i+1}}, x_{n1}, x_{n2}, \cdots, x_{nn_i}),$

$U_i(x_{i1}, x_{i2}, \cdots, x_{in_i}) - y_{ic}^+ + y_{ic}^- = C_i,$

$V_i(x_{i1}, x_{i2}, \cdots, x_{in_i}) - y_{it}^+ + y_{it}^- = T_i,$

$L_{ij} \leq x_{ij} \leq M_{ij},$

$y_k^- \geq 0,$

$y_k^+ \geq 0,$

$y_{ic}^- \geq 0,$

$y_{ic}^+ \geq 0,$

$y_{it}^- \geq 0,$

$y_{it}^+ \geq 0, \quad k = 1, 2, \cdots, m, \quad i = 1, 2, \cdots, n, \quad j = 1, 2, \cdots, n_i$

为简化问题，设 f_k, g_{ij}, S_{ij}, U_i, V_i 均为线性函数，则

$$f_k(x_{i1}, x_{i2}, \cdots, x_{in_i}) + y_k^- - y_k^+ = y_k \tag{4-19}$$

可表示为

$$\sum_{i=1}^{n} \sum_{j=1}^{n_i} p_{kij} x_{ij} + y_k^- - y_k^+ = y_k, \quad k = 1, 2, \cdots, m \tag{4-20}$$

其中，p_{kij} 表示第 k 个顾客需求与第 i 个质量屋中第 j 个管理职责的相关

系数。

$$x_{ij} = g_{ij}(x_{i1}, \ x_{i2}, \ \cdots, \ x_{i(j-1)}, \ x_{i(j+1)}, \ \cdots, \ x_{in_i}) \qquad (4-21)$$

可表示为

$$x_{ij} = \sum_{q=1}^{n_i} a_{ijq} x_{iq}, \ i=1, \ 2, \ \cdots, \ n; \ j, \ q=1, \ 2, \ \cdots, \ n_i, \ q \neq j \qquad (4-22)$$

式中，a_{ijq} 表示第 i 个质量屋中第 j 个管理职责与第 q 个管理职责的相关系数。

$$x_{ij} = S_{ij}(x_{11}, \ x_{12}, \ \cdots, \ x_{1n_1}, \ x_{21}, \ x_{22}, \ \cdots, \ x_{2n_2}, \ \cdots, \ x_{(i-1)1}, \ x_{(i-1)2}, \ \cdots,$$
$$x_{(i-1)n_{i-1}}, \ x_{(i+1)1}, \ x_{(i+1)2}, \ \cdots, \ x_{(i+1)n_{i+1}}, \ x_{n1}, \ x_{n2}, \ \cdots, \ x_{nn_i})$$

$$(4-23)$$

可表示为

$$x_{ij} = \sum_{l=1}^{n} \sum_{f=1}^{n_l} b_{ijlf} x_{lf}, \ i, \ l=1, \ 2, \ \cdots, \ n; \ j=1, \ 2, \ \cdots, \ n_i, \ f=1, \ 2, \ \cdots, \ n_l, \ l \neq i$$

$$(4-24)$$

式中，b_{ijlf} 表示第 i 个质量屋中第 j 个管理职责与第 l 个质量屋中第 f 个管理职责的相关系数。

$$U_i(x_{i1}, \ x_{i2}, \ \cdots, \ x_{in_i}) - y_{ic}^+ + y_{ic}^- = C_i \qquad (4-25)$$

可表示为

$$\sum_{j=1}^{n_i} c_{ij} x_{ij} - y_{ic}^+ + y_{ic}^- = C_i, \ i=1, \ 2, \ \cdots, \ n \qquad (4-26)$$

式中，c_{ij} 表示第 i 个质量屋中第 j 个管理职责优化的单位成本。

$$V_i(x_{i1}, \ x_{i2}, \ \cdots, \ x_{in_i}) - y_{it}^+ + y_{it}^- = T_i \qquad (4-27)$$

可表示为

$$\sum_{j=1}^{n_i} t_{ij} x_{ij} - y_{ic}^+ + y_{ic}^- = T_i, \ i=1, \ 2, \ \cdots, \ n \qquad (4-28)$$

式中，t_{ij} 表示第 i 个质量屋中第 j 个管理职责优化的单位时间约束。

由此可得到简化后的多目标规划模型

$$\min \left| \sum_{k=1}^{m} w_k y_k^- \right|$$

$$\min \left| \sum_{i=1}^{n} y_{ic}^+ \right|$$

$$\min \left| \sum_{i=1}^{n} y_{it}^+ \right|$$

$$\text{s. t.} \ \sum_{i=1}^{n_i} \sum_{j=1}^{n_j} p_{kij} x_{ij} + y_k^- - y_k^+ = y_k,$$

$$x_{ij} = \sum_{q=1}^{n_i} a_{ijq} x_{iq},$$

$$x_{ij} = \sum_{l=1}^{n} \sum_{f=1}^{n_l} b_{ijlf} x_{lf},$$

$$\sum_{j=1}^{n_i} c_{ij} x_{ij} - y_{ic}^+ + y_{ic}^- = C_i,$$

$$\sum_{j=1}^{n_i} t_{ij} x_{ij} - y_{ic}^+ + y_{ic}^- = T_i,$$

$$L_{ij} \leqslant x_{ij} \leqslant M_{ij},$$

$$y_k^- \geqslant 0,$$

$$y_k^+ \geqslant 0,$$

$$y_{ic}^- \geqslant 0,$$

$$y_{ic}^+ \geqslant 0,$$

$$y_{it}^- \geqslant 0,$$

$$y_{it}^+ \geqslant 0, \quad k = 1, 2, \cdots, m; \ i, l = 1, 2, \cdots, n; \ j, q = 1, 2, \cdots, n_i; \ f =$$
$$1, 2, \cdots, n_l; \ l \neq i, \ q \neq j$$

4.2.4　实例分析

在图 4 - 11 中，以包钢的实际情况给出了面向供应链质量策划的一阶质量
屋，以该质量屋为例，建立多目标规划模型，以最优化供应链成员企业的各项
管理职责改善率。

目标函数：

$$\min\{11.1 y_1^- + 22.2 y_2^- + 5.56 y_3^- + 5.56 y_4^- + 11.1 y_5^- + 16.67 y_6^- + 11.1 y_7^- + 16.67 y_8^-\}$$

$$\min |y_{1c}^+ + y_{2c}^+|$$

$$\min |y_{1t}^+ + y_{2t}^+|$$

s. t. $1.5 = 0.067 x_{11} + 0.067 x_{12} + 0.067 x_{19} + 0.2 x_{21} + 0.6 x_{220} + y_1^- - y_1^+$

$1.3 = 0.103 x_{14} + 0.103 x_{15} + 0.103 x_{16} + 0.034 x_{110} + 0.103 x_{111} + 0.034 x_{24}$
$\qquad + 0.034 x_{25} + 0.31 x_{211} + 0.034 x_{215} + 0.034 x_{216} + y_2^- - y_2^+$

$1.1 = 0.1 x_{13} + 0.9 x_{26} + y_3^- - y_3^+$

$1.1 = 0.41 x_{26} + 0.41 x_{28} + 0.136 x_{214} + 0.045 x_{220} + y_4^- - y_4^+$

$1.5 = 0.3 x_{18} + 0.3 x_{212} + 0.3 x_{213} + 0.1 x_{218} + y_5^- - y_5^+$

$$1.3 = 0.23x_{114} + 0.077x_{23} + 0.69x_{219} + 0.1x_{218} + y_6^- - y_6^+$$

$$1.3 = 0.038x_{112} + 0.35x_{113} + 0.115x_{23} + 0.115x_{24} + 0.038x_{29} + 0.35x_{218} + y_7^- - y_7^+$$

$$1.25 = 0.14x_{111} + 0.43x_{113} + 0.43x_{210} + y_8^- - y_8^+$$

$$x_{11} = 0.25x_{18} + 0.75x_{19}$$

$$x_{12} = x_{18}$$

$$x_{14} = 0.5x_{15} + 0.5x_{16}$$

$$x_{18} = 0.25x_{11} + 0.75x_{19}$$

$$x_{21} = 0.2x_{212} + 0.6x_{213} + 0.2x_{220}$$

$$x_{24} = 0.82x_{25} + 0.09x_{215} + 0.09x_{216}$$

$$x_{212} = 0.75x_{213} + 0.25x_{218}$$

$$x_{213} = 0.5x_{21} + 0.5x_{212}$$

$$x_{215} = x_{24}$$

$$x_{218} = 0.25x_{212} + 0.75x_{220}$$

$$x_{11} = 0.25x_{21} + 0.75x_{220}$$

$$1.5 = 0.079x_{11} + 0.075x_{12} + 0.065x_{13} + 0.069x_{14} + 0.071x_{15} + 0.08x_{16}$$
$$+ 0.081x_{17} + 0.054x_{18} + 0.065x_{19} + 0.058x_{110} + 0.071x_{111}$$
$$+ 0.068x_{112} + 0.067x_{113} + 0.061x_{114} + y_{1c}^- - y_{1c}^+$$

$$1.3 = 0.055x_{21} + 0.056x_{22} + 0.058x_{23} + 0.059x_{24} + 0.061x_{25} + 0.041x_{26}$$
$$+ 0.043x_{27} + 0.056x_{28} + 0.054x_{29} + 0.051x_{210} + 0.056x_{211}$$
$$+ 0.068x_{212} + 0.049x_{213} + 0.045x_{214} + 0.053x_{215} + 0.051x_{216}$$
$$+ 0.053x_{217} + 0.032x_{218} + 0.036x_{219} + 0.024x_{220} + y_{2c}^- - y_{2c}^+$$

$$1.2 = 0.069x_{11} + 0.059x_{12} + 0.083x_{13} + 0.091x_{14} + 0.043x_{15} + 0.071x_{16}$$
$$+ 0.082x_{17} + 0.065x_{18} + 0.068x_{19} + 0.07x_{110} + 0.073x_{111} + 0.062x_{112}$$
$$+ 0.083x_{113} + 0.081x_{114} + y_{1t}^- - y_{1t}^+$$

$$1.4 = 0.072x_{21} + 0.031x_{22} + 0.06x_{23} + 0.043x_{24} + 0.054x_{25} + 0.068x_{26}$$
$$+ 0.059x_{27} + 0.053x_{28} + 0.069x_{29} + 0.049x_{210} + 0.068x_{211}$$
$$+ 0.075x_{212} + 0.05x_{213} + 0.059x_{214} + 0.059x_{215} + 0.036x_{216}$$
$$+ 0.029x_{217} + 0.058x_{218} + 0.059x_{219} + 0.058x_{220} + y_{2t}^- - y_{2t}^+$$

$$1 \leqslant x_{ij} \leqslant 1.5,$$

$$y_k^- \geqslant 0,$$

$$y_k^+ \geqslant 0,$$

$$y_{ic}^- \geqslant 0,$$

$$y_{ic}^{+} \geqslant 0,$$

$$y_{it}^{-} \geqslant 0,$$

$$y_{it}^{+} \geqslant 0, \quad k = 1, 2, \cdots, 8; \quad i = 1, 2$$

通过 MATLAB 对该多目标规划模型进行求解，得到供应链成员企业管理职责的最优改善率见表 4 - 4 和表 4 - 5。

表 4 - 4　　　　　　　　　　最优管理职责改善率求解情况

x_{ij}	最优改善率	x_{ij}	最优改善率	x_{ij}	最优改善率
x_{11}	1.50	x_{113}	1.44	x_{211}	1.49
x_{12}	1.50	x_{114}	1.37	x_{212}	1.50
x_{13}	1.27	x_{21}	1.50	x_{213}	1.50
x_{14}	1.48	x_{22}	1.30	x_{214}	1.28
x_{15}	1.48	x_{23}	1.34	x_{215}	1.39
x_{16}	1.48	x_{24}	1.39	x_{216}	1.39
x_{17}	1.25	x_{25}	1.39	x_{217}	1.25
x_{18}	1.50	x_{26}	1.41	x_{218}	1.50
x_{19}	1.50	x_{27}	1.25	x_{219}	1.46
x_{110}	1.39	x_{28}	1.32	x_{220}	1.50
x_{111}	1.46	x_{29}	1.27		
x_{112}	1.27	x_{210}	1.40		

表 4 - 5　　　　　　　　　　最优顾客需求改善率求解情况

序号	1	2	3	4	5	6	7	8
y^{-}	0	0	0	0	0	0	0	0
y^{+}	0	0	0.29	0.26	0	0.12	0.13	0.18

通过该实例分析说明本章建立的面向供应链质量策划的多质量屋递阶 QFD 是可行的，基于此建立多目标规划模型也可以很好地解决最优化供应链成员企业管理职责改善率的问题，从而帮助供应链成员企业更科学地应用面向供应链质量策划的多质量屋递阶 QFD 模型。

4.3　钢铁企业需求、批量生产计划与质量设计集成

4.3.1　钢铁企业需求、批量生产计划与质量设计的集成模式

现在钢铁产品的需求越来越呈现多品种、小批量的特点，而钢铁产品的生产批量又很大，因此为了降低成本，钢铁企业通常采用基于成组技术的同成分合同合炉冶炼，多成分、同规格的合同组批轧制的批量计划方案生产（唐立新，1999）。目前，对于炼钢合炉生产计划的研究大多集中在炼钢—连铸阶段最优炉次计划的确定上（黄可为等，2006；彭频和李铁克，2007；宁树实等，2007；Kedar 等，2001）。轧钢组批生产计划的研究大多集中在板带钢、型钢和无缝钢管以及炼钢—连铸—连轧的集成生产批量计划与调度上（唐立新等，2000；宁树实和王伟，2007；刘士新等，2007）。

在钢铁制造业典型的生产管理系统中生产计划与质量设计之间存在一定的集成关系（施锦萍，2007），即计划人员根据质量设计的结果进行生产规划和原料申请。这种集成关系是针对一个订单而言，不包括对一批订单进行组批质量设计；而本章研究的是多个订单的批量生产计划与质量设计的集成优化方法，过程网络模型如图 4－13 所示。

在钢铁实际生产的转炉阶段，其主要质量要求是控制产品的化学成分，如C、Si、P、Mn 等元素含量，本章在杨静萍（2009）的模型基础上改进，增加了生产成本约束和炉成本约束，研究如何在尽可能满足炉容量、生产成本、炉成本、规格范围和交货时间约束下，尽可能将质量差别小的订单安排在相同的炉次生产。

4.3.2　钢铁企业需求、批量生产计划与质量设计的优化模型研究

1. 模型建立

聚类分析是近几年发展起来的一种定量化数学分析方法，利用它可从数据分析的角度，通过建立相似性度量，给出在一定约束下更准确、更细致的批量生产计划方案优化过程。以炼钢批量生产计划方案优化问题为例，其聚类划分

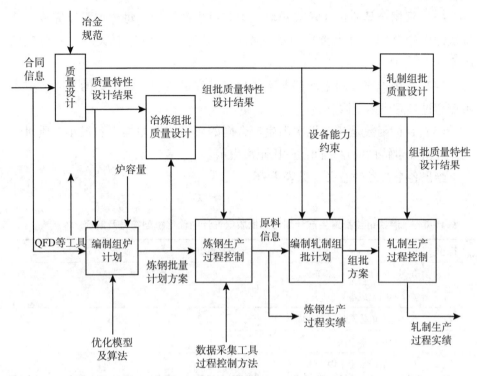

图 4 – 13　批量生产计划与质量设计的集成过程网络模型

的数学描述为：设订单 X_l 的质量特性向量为 $\boldsymbol{Q}_l = \{Q_l^{(1)}, Q_l^{(2)}, \cdots, Q_l^{(D)}\}$，$l = 1, 2, \cdots, N$，其中 D 表示质量特性向量 $\boldsymbol{Q}_l$ 的维数，N 个合同的组炉质量问题就是首先找到一个划分 $\boldsymbol{C} = \{C_1, C_2, \cdots, C_M\}$，满足

$$\boldsymbol{C} = \bigcup_{m=1}^{M} \boldsymbol{C}_m \qquad (4-29)$$

$$\boldsymbol{C}_m \neq \varnothing, \quad m = 1, 2, \cdots, M \qquad (4-30)$$

$$\boldsymbol{C}_m \cap \boldsymbol{C}_{m'} = \varnothing, \quad m, m' = 1, 2, \cdots, M, \quad m \neq m' \qquad (4-31)$$

然后把所有合同按质量特性向量不同分类，归入不同的集合中，使得每个集合内的质量特性差异最小。

关于模型有以下描述。

（1）有不同型号（容量不同）的炉，每个炉有不同的固定成本和变动成本。

（2）有多组质量特性不同的生产合同，将所有生产合同按质量特性不同分成不同的批次形成生产计划。

（3）根据产品质量要求安排对应炉完成生产计划，每个炉可以完成一个批次的生产合同，每个批次只能交给一个炉完成，炉与批次是一一对应的关系。

（4）每个炉安排的生产任务不能超过其容量限制，每个炉的总生产成本不能超过其总成本上限。

（5）目标函数是各个批次内生产合同的质量特性差异之和最小，质量特性差异由质量特性向量之间的欧氏距离表示。

给出各个符号的意义，见表 4-6。

表 4-6   钢铁企业批量生产计划与组批质量设计的优化模型符号及解释

符号	符号解释
t	炉号，$t = 1, 2, \cdots, T$
E_t	炉 t 的固定成本
F_t	炉 t 生产单位产品的变动成本
A_t	炉 t 的总成本上限
W_t	炉 t 的生产重量上限
W_t'	炉 t 的生产重量下限
K_t	炉 t 的钢材成材率
W_l	合同 l 的总重量
x_{lt}	决策变量1，$x_{lt} \in \{0, 1\}$，表示第 l 个合同是否被归入第 t 个批次（炉）
O_m	决策变量2，集合 C_m 的中心质量特性向量

注：m 和 t 是等价的，模型中全部用 t 表示。

由此，建立数学模型为

$$\min Z = \sum_{t=1}^{T} \sum_{l=1}^{N} d(Q_l, O_t) \cdot x_{lt} \qquad (4-32)$$

$$\text{s. t.} \quad \sum_{l=1}^{N} W_l \cdot x_{lt} \leqslant W_t \cdot K_t \qquad (4-33)$$

$$W_t' \cdot K_t \leqslant \sum_{l=1}^{N} W_l \cdot x_{lt} \qquad (4-34)$$

$$E_t + F_t \cdot \sum_{l=1}^{N} W_l \cdot x_{lt} \leqslant A_t \qquad (4-35)$$

$$\sum_{t=1}^{T} x_{lt} = 1 , \quad l=1, 2, \cdots, N \qquad\qquad (4-36)$$

$$x_{lt} \in \{0, 1\} , \quad l=1, 2, \cdots, N, \quad O_t = \{O_t^{(1)}, O_t^{(2)}, \cdots, O_t^{(D)}\} \geq 0, \quad t=1, 2, \cdots, T$$
$$(4-37)$$

其中，$d(Q_l, O_t) = \|Q_l - O_t\|$。式（4-32）表示使各批次计划生产的合同质量特性离散度之和最小；式（4-33）表示每个炉的生产总量不超过炉的重量上限；式（4-34）表示每个炉的生产总量不低于炉的重量下限；式（4-35）表示每个炉的生产总成本不能超过炉的成本上限；式（4-36）表示每个合同都必须且只能划入一个批次中；式（4-37）表示决策变量的取值范围，其中 $O_t \geq 0$ 表示 O_t 的每个分量都大于等于零。

2. 算法设计

遗传算法是一种有效的全局搜索算法，由美国 Michigan 大学的 J. Holland（李敏强等，2002）教授在 1975 年提出的。遗传算法是一种并行搜索算法，模拟自然进化中的自然选择机制和优胜劣汰机制。主要部分包括：染色体（个体）种群、选择操作、交叉操作和变异操作，通过交叉算子和变异算子的操作可能会产生非可行解，因此需要在后面进行调整，遗传算法各部分分别具有以下策略。

（1）编码规则。根据问题特点，采用混合编码方式，对决策变量 x_{lt} 采用二进制编码方式，对决策变量 O_t 采用实数编码。例如，假设把 3 个合同分成两个批次，每个合同有两个维度的质量特性，则图 4-14 的染色体表示的生产计划为合同 1、2 划入第一个批次，合同 3 划入第二个批次，其中批次 1 的质量特性中心点为 (0.1, 0.2)，批次 2 的质量特性中心点为 (0.15, 0.15)。

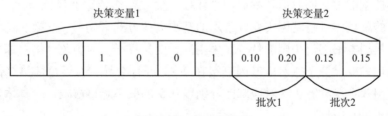

图 4-14　染色体编码

（2）适应度函数。模型为求最小值问题，对于此类问题通常选择目标函数的倒数作为适应度函数，但是考虑到目标函数取值范围未知，为了提高算法的泛化能力，考虑用以下公式作为适应度函数

$$\frac{\sum_{t=1}^{T}\sum_{l=1}^{N}d(Q_l, O_t)}{\sum_{t=1}^{T}\sum_{l=1}^{N}d(Q_l, O_t) \cdot x_{lt}} \qquad (4-38)$$

其中，$\sum_{t=1}^{T}\sum_{l=1}^{N}d(Q_l, O_t)$ 表示合同质量特性与全部批次中心质量特性的离散度之和，因此式（4-38）可以减少数据差异带来的目标函数大幅波动，提高算法的适应性。

（3）选择算子。选择操作提供了遗传算法的驱动力，驱动力太大则遗传搜索将过早终止，驱动力太小则进化过程将非常缓慢。本书采用 Holland（1992）提出的轮盘赌选择策略，其基本原理是根据每个染色体适应度的比例来确定该个体的选择概率或生存概率。为了实现最优保存策略，当前种群中的最优染色体直接进入下一代。

（4）交叉算子。交叉操作是交换两个染色体部分基因的遗传操作。根据交叉概率 P_c 选择进入配对池的父代个体，把父代染色体中的部分基因加以替换重组，产生子代个体。由于本书染色体编码由两部分组成，所以需要采用混合交叉算子。具体方法为：第一部分采用均匀交叉；第二部分采用双点交叉。均匀交叉算子：首先随机地产生一个与染色体第一部分基因串等长的二进制串，0 表示交换，1 表示不交换，根据二进制串判断是否交换父代个体对应位置上的基因。双点交叉算子：首先随机产生两个基因位置，然后直接将配对染色体对应位置上的基因互换。如图 4-15 所示，A 和 B 为两个配对的父代染色体，X 为二进制串，设产生的子代染色体为 C 和 D。

（5）变异算子。变异操作是产生新个体的辅助方法，它决定了遗传算法的局部搜索能力，同时保持种群的多样性。变异操作依据变异概率 P_m 对每代种群中的染色体进行基因突变，常用的基因突变方式有均匀、交换、逆转和位移等，根据本书编码规则的特点，采用混合变异算子。对染色体第一部分基因串使用均匀变异算子，对应基因直接在 0~1 进行变异，对染色体第二部分基因串使用双点变异算子，对应基因分别以 0.5 的概率翻倍或减半，具体操作过程如图 4-16 所示。

（6）调整非可行解。对于交叉操作和变异操作中产生的非可行解进行调整。每个合同都必须且只能划入一个批次中，因此同一合同的所有基因只能有一个取值为 1，其余基因取值为 0，当同一合同的基因有两个或两个以上取值为 1 时，随机选择一个位置令该基因值为零，当所有基因均为零时，随机选择一个位置令该基因值为 1。染色体第二部分采用实数编码，所有操作均不会导致非可行解情况出现。

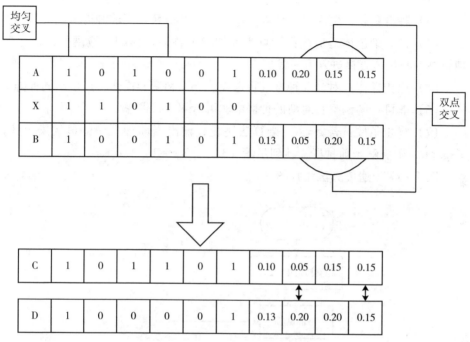

图 4–15　交叉操作演示

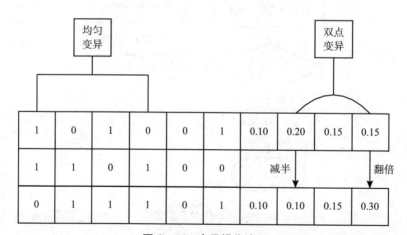

图 4–16　变异操作演示

根据遗传算法各部分的策略，得到算法包括以下几个步骤。

（1）参数初始化：设定最大迭代次数 G，初始种群规模 Popsize，交叉概

率 P_c，变异概率 P_m。

（2）种群初始化：随机产生 Popsize 个可行解作为染色体，构成初始种群，令 $g = 0$。

（3）种群更新：更新当前种群，用第 g 代种群替代当前种群。

（4）计算染色体适应度：计算当前种群中各染色体的适应度值，适应度值最高的染色体直接进入下一代。

（5）遗传操作：对当前种群进行选择、交叉和变异操作，产生新的种群。

（6）非可行解调整：对新的种群中非可行解进行调整。

（7）终止条件：若 $g = G$，则算法终止，输出当前种群中的最优染色体；若 $g < G$，则更新当前种群，转到步骤（3），$g = g + 1$。

图 4 - 17 为遗传算法流程图。

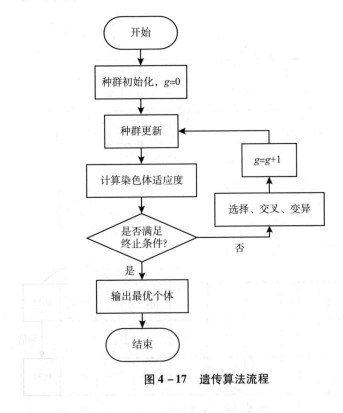

图 4 - 17 遗传算法流程

4.3.3 应用实例

本书选取包钢 2011 年 7 ~ 8 月订单进行了实例研究，包钢现在共有 10 个转炉，210t×2，150t×2，120t×2，80t×4，每种类型炉的固定成本（单位：元/炉次）和变动成本（单位：元/t）见表 4－7。

表 4－7　　　　　　　　　　不同炉类型基本情况表

炉型	固定成本/（元/炉次）	变动成本/（元/t）	生产重量上限/（t）	生产重量下限/（t）	总成本上限/（元）
210t	21000	1700	210	50	387000
150t	18000	2100	150	50	335000
120t	17000	2450	120	40	312000
80t	15000	2710	80	30	251000

本书选取了 7~8 月的 61 个订单，由于篇幅有限，未列出全部订单信息，其中部分订单信息见表 4－8。

表 4－8　　　　　　　　　　部分订单信息表

No	标准	生产任务量	质量设计参数	单价/（元/t）
1	GB/T 8162—2008	5.5	C：0.17 ~ 0.23，Si：0.17 ~ 0.37，Mn：0.35~0.62，P：0~0.035，S：0~0.035	5640
2	协议	120	C：0.17 ~ 0.23，Si：0.17 ~ 0.37，Mn：0.35~0.62，P：0~0.035，S：0~0.035，Cr：0.8~1.1，Mo：0.15~0.25	5800
3	GB/T 2101—2008	80	C：0.37 ~ 0.44，Si：0.17 ~ 0.37，Mn：0.35~0.8，P：0~0.025，S：0~0.025，Cr：0.8~1.1，Ni：0~0.3，Cu：0~0.25	5200
4	Q/BG 524—2007	5	C：0.12 ~ 0.2，Si：0.2 ~ 0.55，Mn：1.2 ~ 1.6，P：0~0.03，S：0~0.03	4650
5	GB/T 8162—2008	65	C：0.17 ~ 0.23，Si：0.17 ~ 0.37，Mn：0.35~0.62，P：0~0.035，S：0~0.035	5640
⋮	⋮	⋮	⋮	⋮
61	技科字[2007] 71 号	130	C：0.14 ~ 0.2，Si：0.1 ~ 0.25，Mn：0.6 ~ 0.9，P：0~0.03，S：0~0.03	5321

首先对订单进行预处理，预处理包括以下几个步骤。

（1）剔除可以整炉生产的订单。

（2）将同标准的订单归到一起，计算同标准的订单需求总量。

（3）同标准订单需求量减去整炉生产量，得到该类标准产品合炉量。

（4）对质量设计参数进行预处理。

通过预处理后，共有16种标准，各标准的订单情况见表4-9。对各合同质量设计参数均值结果进行主成分分析，根据主成分分析结果（表4-10和表4-11），可得到主成分表达式为

$$x_1 = -0.336C + 0.099Si + 0.093Mn - 0.889P - 0.798S + 0.476Al + 0.530Cr$$
$$-0.041Mo + 0.763Ni + 0.763Cu$$

$$x_2 = -0.345C - 0.205Si - 0.596Mn + 0.231P + 0.553S - 0.741Al + 0.702Cr$$
$$+0.41Mo + 0.547Ni + 0.547Cu$$

$$x_3 = 0.694C + 0.707Si + 0.564Mn + 0.229P + 0.075S - 0.05Al - 0.06Cr$$
$$-0.355Mo + 0.272Ni + 0.272Cu$$

$$x_4 = -0.195C + 0.554Si + 0.227Mn + 0.233P - 0.057S + 0.213Al + 0.462Cr$$
$$+0.821Mo - 0.191Ni - 0.191Cu$$

表4-9　　　　　　　　　　经预处理的各标准的订单情况表

标准序号	标准	订单号	任务量	质量设计参数	单价/（元/t）
B1	GB/T 8162—2008	1 7	5.5 30	C：0.17~0.23，Si：0.17~0.37， Mn：0.35~0.62，P：0~0.035，S：0~0.035	5640
B2	协议	9 21	20 5.5	C：0.17~0.23，Si：0.17~0.37， Mn：0.35~0.62，P：0~0.035，S：0~0.035， Cr：0.8~1.1，Mo：0.15~0.25	5800
B3	GB/T 2101—2008	8 23	65 30	C：0.37~0.44，Si：0.17~0.37， Mn：0.35~0.8，P：0~0.025，S：0~0.025， Cr：0.8~1.1，Ni：0~0.3，Cu：0~0.25	5200
B4	Q/BG 524—2007	29	45	C：0.12~0.2，Si：0.2~0.55， Mn：1.2~1.6，P：0~0.03，S：0~0.03	4650
B5	GB/T 2101—2008	10 18	55 5.5	C：0.42~0.5，Si：0.17~0.37， Mn：0.5~0.8，P：0~0.035，S：0~0.035	4950

续表

标准序号	标准	订单号	任务量	质量设计参数	单价/（元/t）
B6	GB/T 8749—2008	8	3	C：0.47~0.55, Si：0.17~0.37, Mn：0.5~0.8, P：0~0.035, S：0~0.035	4780
B7	GB/T 24587—2009	14 19	60 5.5	C：0.27~0.33, Si：0.60~0.9, Mn：1~1.3, P：0~0.03, S：0~0.03	5040
B8	GB 711—2008	31	55	C：0.42~0.5, Si：0.17~0.37, Mn：0.5~0.8, P：0~0.035, S：0~0.035	4600
B9	GB/T 8749—2008	32	10	C：0.42~0.5, Si：0.17~0.37, Mn：0.8~1.1, P：0~0.035, S：0~0.035	4830
B10	GB/T 8749—2008	35	6	C：0.48~0.56, Si：0.17~0.37, Mn：0.7~1, P：0~0.035, S：0~0.035	4830
B11	GB/T 8749—2008	10 45	55 6	C：0.62~0.7, Si：0.17~0.37, Mn：0.9~1.2, P：0~0.035, S：0~0.035	4970
B12	BG XY 2008—26	20	5.5	C：0.18~0.23, Si：0.15~0.3, Mn：0.6~0.9, P：0~0.025, S：0~0.015, Al：0.015~0.05	5410
B13	GB/T 3274—2007	12 25	19 5.5	C：0.13~0.18, Si：0.2~0.55, Mn：1.2~1.6, P：0~0.03, S：0~0.02, Al：0.015~0.05	4930
B14	技科字[2007] 53 号	51	10	C：0.05~0.1, Si：0.1~0.25, Mn：0.3~0.5, P：0~0.03, S：0~0.03	5300
B15	技科字[2007] 71 号	22	50	C：0.14~0.2, Si：0.1~0.25, Mn：0.6~0.9, P：0~0.03, S：0~0.03	5321
B16	技科字[2007] 33 号	27	6	C：0.18~0.23, Si：0~0.07, Mn：0.7~0.8, P：0~0.03, S：0~0.035	5541

表 4 – 10   合同质量设计参数主成分分析结果

Component	Initial Eigenvalues			Extraction Sums of Squared Loadings		
	Total	% of Variance	Cumulative %	Total	% of Variance	Cumulative %
1	3.233	32.334	32.334	3.233	32.334	32.334
2	2.683	26.834	59.167	2.683	26.834	59.167
3	1.637	16.371	75.539	1.637	16.371	75.539
4	1.461	14.608	90.146	1.461	14.608	90.146
5	.540	5.398	95.544			
6	.362	3.621	99.165			
7	.079	.794	99.959			
8	.004	.041	100.000			
9	8.463E – 16	8.463E – 15	100.000			
10	– 4.045E – 17	– 4.045E – 16	100.000			

表 4 – 11   合同质量设计参数因子载荷矩阵

	Component			
	1	2	3	4
C	– .336	.345	.694	– .195
Si	.099	– .205	.707	.554
Mn	.093	– .596	.564	.227
P	– .889	.231	.229	.233
S	– .798	.553	.075	– .057
Al	.476	– .741	– .050	.213
Cr	.530	.702	– .060	.462
Mo	– .041	.410	– .355	.821
Ni	.763	.547	.272	– .191
Cu	.763	.547	.272	– .191

　　将各订单的质量设计参数上下限值范围代入主成分表达式，按照 4.3 节的模型及算法进行求解，可得到聚类结果（见表 4 – 12），最终炼钢批量生产计划方案结果见表 4 – 13，表明较好地解决了钢铁企业需求、批量生产计划与质

量设计集成问题。

表 4-12　　　　　　　　　不同钢铁产品标准聚类情况表

标准序号	x_1	x_2	x_3	x_4	聚类情况
B1	0.2	0.27	0.5	0.5	5
B2	0.205	0.27	0.55	0.5	5
B3	0.405	0.27	0.65	0.65	1
B4	0.16	0.375	1.4	0.35	3
B5	0.46	0.27	0.65	0.65	1
B6	0.51	0.27	0.65	0.65	1
B7	0.3	0.75	1.15	0.5	4
B8	0.46	0.27	0.65	0.65	1
B9	0.46	0.27	0.95	0.7	1
B10	0.52	0.27	0.85	0.8	1
B11	0.66	0.27	1.05	0.95	2
B12	0.205	0.225	0.75	0.65	5
B13	0.155	0.375	1.4	0.5	3
B14	0.075	0.175	0.4	0.5	5
B15	0.17	0.175	0.75	0.65	5
B16	0.205	0.035	0.75	0.65	5

表 4-13　　　　　　　　炼钢批量生产计划方案结果

炉型	订单号	订单总量（/万吨）
80t	10, 45	61
80t	29, 12, 25	69.5
80t	14, 19	65.5
120t	8, 10	120
120t	23, 18, 8, 31, 32, 35	109.5
150t	1, 7, 9, 21, 20, 51, 22, 27	132.5

4.4 本章小结

本章基于供应商与制造商协同进行产品设计与开发有利于产品质量提高的理论，研究了供应链协同产品设计与开发模型，将企业创新能力指数引入知识累积函数，从而对知识累积函数进行了拓展，基于知识累积函数和设计返工函数建立了供应商与制造商协同进行产品设计与开发模型，应用此模型求出了供应商与制造商在协同进行产品设计与开发时最优的交流次数。通过实例研究，表明了该模型存在全局最优解，在此基础上，讨论了协同产品设计与开发的总成本与交流次数的关系，企业创新能力指数与最优交流次数的关系，以及知识累积演化轨迹对协同产品设计与开发总成本和最优交流次数的影响。

建立了面向供应链协同质量策划的多质量屋递阶 QFD 模型，该模型可以将供应链的最终顾客和中间顾客的需求映射到供应链成员企业的各个部门、各个科室直至每位工作人员的具体职责；可以评估供应链成员企业的某部门哪些职责是与顾客需求紧密相关，帮助供应链成员企业分析本企业本部门、本科室哪些职责的实施需要改善。在此基础上建立了多目标规划模型用以最优化管理职责改善率，并给出了实例分析，对实例建立了多目标规划模型并进行求解。

从供应链角度来讲，钢铁企业需求过程（订单产生）与钢铁企业制造过程（生产计划）以及质量设计存在一定的集成关系。本书在考虑了不同炉型、生产成本、规格范围和交货时间约束的前提下，提出了需求、批量生产计划与质量设计集成的优化方法，建立了基于多约束聚类的需求、批量生产计划与质量设计的优化模型，并根据问题特点采用遗传算法进行求解。

第5章

基于 ISO 9000 和过程集成的
钢铁企业供应链质量管理

5.1 基于 ISO 9000 和过程集成的钢铁企业
供应链质量管理模式理论基础

1. ISO 9000 质量管理体系的四大基石

ISO 9000 族标准作为质量管理的国际标准在全球已经得到广泛推广，在 2000 版 ISO 9000 族标准中对质量管理有以下定义：质量管理是指在质量方面指挥和控制组织的协调活动。所谓指挥和控制组织的协调活动，通常包括质量策划、质量控制、质量保证和质量改进。

根据以上定义可知，质量策划、质量控制、质量改进和质量保证涵盖了质量管理的全部内容。朱兰曾经将质量策划、质量控制和质量改进称为质量管理三部曲。ISO 9000 族标准中又加入了质量保证。可以说它们构成了质量管理的四大基石。

本书认为这四大基石的关系为：企业首先要制定符合本企业的质量策划，其中要制定想要达到的质量目标，然后进行各项活动时要对全过程影响质量的因素进行质量控制，测量实际的质量结果，与质量目标进行对比，如果没有达到质量目标，则需要分析原因进行质量改进，从而在更高的层次上进行以上活动。如果达到目标则设立更高的质量目标重新进行以上活动。随着不断地递升，企业的质量保证才会不断地提高，获得更多的信任。因此，质量管理的四大基石关系可用图 5 – 1 表示。

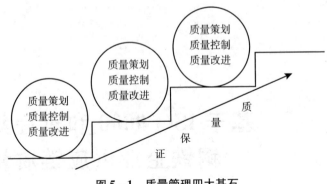

图 5 – 1　质量管理四大基石

2. ISO 9000：2000 中以过程为基础的质量管理体系模式

2000 版的 ISO 9000 引入了以过程为基础的质量管理模式，以此代替 94 版 ISO 9000 的"质量环"。"过程"是一组将输入转化为输出的相互关联或相互作用的活动。由此定义可见，过程有三个要素：输入、输出和活动。利用资源是任何过程必不可少的活动，所有的工作包括产品实现及其管理都是通过过程来完成的。过程示意图如图 5 – 2 所示。

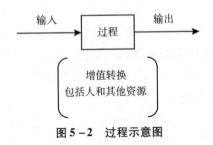

图 5 – 2　过程示意图

系统地识别和管理组织所应用的过程，特别是这些过程之间的相互作用，称为"过程方法"。将"过程方法"应用于组织的质量管理体系，就形成了以过程为基础的质量管理体系模式，如图 5 – 3 所示。

3. 集成及过程集成

集成（Integration），是指将两个或两个以上的集成要素集合成一个有机整体的过程。集成不是集成要素的简单叠加，而是按照一定的集成方式进行的构造和组合，其目的在于实现整体功能的增加和新功能的出现，以实现集成目标。

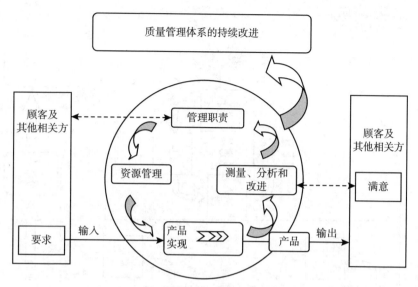

图 5 – 3　以过程为基础的质量管理模式

过程集成（Process Integration）思想就是把生命周期的各个阶段联系起来，综合考虑各参与要素之间的动态影响关系，对全生命周期各个子过程进行综合集成，将原来各个子过程分散的单元系统组合成一个协调工作、功能更强的新系统。

本书所指的过程集成是指在钢铁产品质量控制管理的全流程中，从原材料采购进厂到产成品交付客户所历经的质量设计、物料检验、质量判定、异议处理、风险监控、统计分析等逻辑上直接或间接相关的各类活动过程的集合。消除影响过程集成运作效率的一切因素，使得过程总体协同最优，要求各个广义过程之间具有目标一致性、信息互通性和内部互操作性。

5.2　基于 ISO 9000 和过程集成的钢铁企业供应链质量管理模式网络图

本书融合了 ISO 9000 中四大基石和过程集成的概念，建立了基于 ISO 9000 和过程集成的供应链质量管理模式，如图 5 –4 所示。

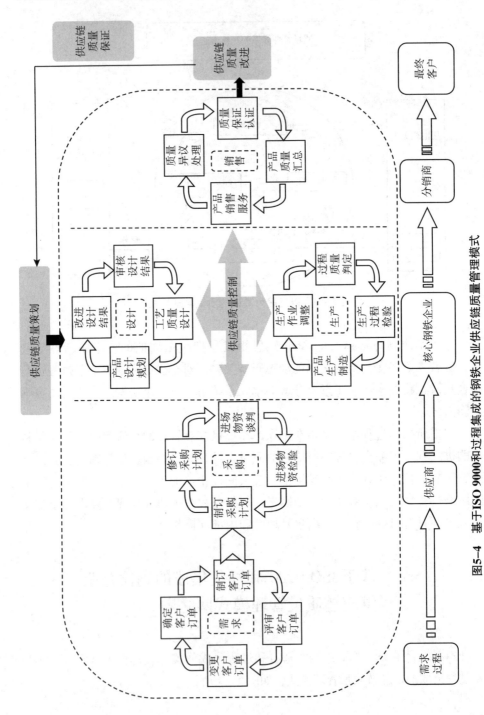

图5-4 基于ISO 9000和过程集成的钢铁企业供应链质量管理模式

基于 ISO 9000 和过程集成的供应链质量管理模式具体包括以下含义。

1. 以四大基石为基础

受 ISO 9000 族标准质量管理的定义启发，从质量管理四大基石出发，分别从供应链质量策划、供应链质量控制、供应链质量改进和供应链质量保证四个方面建立供应链质量管理模式。本书将在 5.3 节分别对四大基石内容进行具体阐述。

2. 以顾客为中心

供应链协同质量管理各个过程必须以此为行动的出发点，各种活动的本质是提供使顾客满意的产品同时保证一定的利润。这里所提及的顾客既包括产品的最终用户，也包括供应链的中间顾客，满足顾客的要求是评价产品质量和工作质量的主要标准之一。

3. 广义集成性

供应链质量管理的集成不同于单个企业的内部集成，而是致力于实现供应链成员企业间的广义集成。广义的集成包括三个方面的集成：沿供应链方向的质量业务集成，从底层作业单元到最高管理层的纵向质量业务集成，以及质量业务与其他相关业务的横向集成（如市场营销、产品开发等）。

4. 五大过程集成

基于 ISO 9000 的供应链质量管理模式以调查、确定顾客需求为起点，通过五大过程：需求、设计、采购、生产、销售五大过程。本模型强调打破需求、采购、设计、生产、销售分隔的情况，建立一个相对安全、稳定、动态高效的过程集成系统，五大过程可视为一个更大的过程，该过程始于顾客，终于顾客。这五大过程还各自分为更详细的过程：需求过程包括确定客户订单、制定客户订单、变更客户订单、评审客户订单；采购过程包括制订采购计划、修订采购计划、进场物资谈判、进场物资检验；设计过程包括产品设计规划，工艺质量设计、改进设计结果、审核设计结果；生产过程包括产品生产制造、生产作业调整、过程质量判定、生产过程检验；销售过程包括产品销售服务、产品质量汇总、质量保证认证、质量异议处理。

5. 强调了体系的持续改进

过程模式强调对质量管理体系的持续改进。供应链质量策划、供应链质量控制、供应链质量改进形成了一个闭环，不断循环、不断改进、不断提高，这个过程应该是永无止境的，它是一个螺旋上升的过程，体现了供应链质量保证的不断提升。

6. 协同性

制造商与供应商紧密合作，结成命运共同体，不仅稳定企业的供应链关系，而且还可以为企业节省大量的市场交易成本（采购成本）和管理、协调成本。供应链成员企业（顾客、供应商、核心钢铁企业、分销商）协同进行供应链质量管理（供应链质量策划、供应链质量控制、供应链质量保证、供应链质量改进），供应链质量管理的对象是与产品质量有关的各个过程，共同为提高产品质量的目标协同工作。

5.3 基于 ISO 9000 和过程集成的钢铁企业供应链质量管理四大基石

5.2 节已经提到，本书提出的基于 ISO 9000 和过程集成的钢铁企业供应链质量管理模式有四大基石，钢铁企业供应链质量策划、钢铁企业供应链质量控制、钢铁企业供应链质量保证和钢铁企业供应链质量改进。本节将详细给出这四大基石的定义、包含的内容，以及实施过程中应遵循的原则。

5.3.1 钢铁企业供应链质量策划

1. 钢铁企业供应链质量策划的定义

供应链质量策划的定义：供应链质量策划是供应链质量管理的一部分，在由供应链核心钢铁企业及相关原材料供应商和分销商企业协同制定钢铁供应链质量目标，从供应链角度识别质量控制点，并规定对质量控制点进行质量管理必要的运行规程、相关资源、职责权限、方法工具、任务深度和时间节点，并获得相关资源和信息以实现既定质量目标。

供应链质量策划属于质量管理模式中的"高层"，用于"统领、指导"与质量有关的活动的总体把握和引导。只有经过质量策划，质量控制、质量保证和质量改进才可能有明确的目标、策略和计划。因此，质量策划是质量管理诸多活动中总统领的核心环节。

2. 钢铁企业供应链质量策划的内容

（1）设定供应链质量目标和质量标准规范。供应链节点企业从供应链角度，充分考虑供应链管理过程中的相关流程，针对每一个可能对质量产生影响的供应链环节进行分析，设定供应链质量管理目标和质量标准规范。

（2）确定流程中相关的职责和权限。确定钢铁供应链质量管理中原材料供应商、钢铁企业、分销商、最终顾客的具体工作定位，及其在供应链质量管理中的职责和权限。

（3）识别每个过程中的质量控制点。从供应链角度识别需求、设计、采购、生产和销售五大过程的质量控制点，并规定对质量控制点进行质量管理必要的运行规程、相关资源、职责权限、方法工具等。

（4）确定实现目标的方法。在确定了供应链质量管理的目标和供应链成员企业在协同进行供应链质量管理的各自职责和权限之后，就要确定实现该目标的具体方法，包括对每个过程进行质量管理的方法及措施的内容、内容深度、时间节点、完成后的奖励方法和信息记录系统等。

（5）确定其他配套资源及工具。要充分考虑实现供应链质量管理目标所需要的各种资源，并获得相关资源和信息以实现既定质量目标。

（6）制订供应链质量风险管理方案。与供应链成员企业一起制定供应链质量风险管理方案，确定各自职责及应对措施，一旦出现质量问题，共同进行解决，快速弥补质量损失。

3. 钢铁企业供应链质量策划的原则

作为核心钢铁企业在进行供应链质量策划时，应遵循以下原则。

（1）针对整个供应链进行集成质量策划。

（2）选择优良的原材料供应商和分销企业，追求质量而非数量。

（3）确保信息反馈渠道的规范性、准确性和及时性。

（4）与供应商、分销商建立统一、明确的质量标准规范。

（5）打破企业围墙，与重要原材料（矿石、焦炭和溶剂）供应商建立长期的产业链战略联盟型的合作伙伴关系，除了用合同和战略合作协议的形式进行约束外，更要在企业之间建立生产全流程合作体系。

5.3.2　钢铁企业供应链质量控制

1. 钢铁企业供应链质量控制的定义

供应链质量控制是指为了达到质量要求，由供应链核心企业和供应链相关企业协同对供应链最终产品质量形成的需求、设计、采购、生产、销售过程进行的一系列专业技术作业以及测量、分析、改进过程。

2. 钢铁企业供应链质量控制的内容

（1）需求过程质量控制。

①识别顾客需求。与供应商一起对客户订单进行初步评审，识别顾客对产品提出的性能、数量和交货日期等需求，确定本厂是否有能力满足顾客订单要求。

②确定产品的质量要求。根据顾客订单要求，将其转化为产品的质量性能要求。

③工艺质量设计，确定产品的工艺流程。将产品的质量性能要求转化为具体的生产工艺流程，确定每一个工序上的质量控制点和工艺参数要求。

④根据工艺参数要求，借助于控制图等工具进行工序质量控制。

（2）采购过程质量控制。建立配套规范《原材料采购质量控制程序》，对各种原材料（矿石、焦炭、溶剂等）、炼铁和炼钢设备对供应商进行实地考察评估，经确认后按照实际质量保证情况编制供应商名录。

通过与原材料（矿石、焦炭、溶剂等）供应商建立完善的质量沟通渠道，在材料进厂前完成质量的一次分析保证，在进厂时进行二次检验确认。保证原材料在进入冶炼前的质量稳定性和可控性。

建议原材料在进厂前可以建立对应的身份证明系统。通过与原材料供应商建立配套数字化平台，钢铁企业在生产开展前就通过数字化平台将产品要达到的性能及原材料的性能指标发给供应商。供应商按照要求或根据已有的技术平台可以帮助钢铁企业分析指标的合理性和经济性，进行互动，确定产品供应、技术规范和时间节点，以保证产品质量和服务质量。如果后面质量出现问题，可以很快根据身份证明系统找到材料来源和问题原因。

（3）设计过程质量控制。钢铁企业与供应商、最终用户一同进行产品设计与开发，共同制订产品设计与开发各项计划，控制完成时间及完成质量。

（4）制造过程质量控制。

①中间成品检查。对中间产品如钢锭、钢坯等进行质量检查、检验、试验和质量判定，并反馈给生产工序。此检查具有严格的技术标准，对钢材产品的尺寸、表面质量进行检查判定，包括尺寸、外形规整度、截面规整度、明显缺陷判定、缺陷产品级别判定。

②试验室产品质量检查。试验室产品质量检查主要内容为判定钢铁产品性能，其工作内容具体包括：在成品中随机选取试验样、使用对应检验设备对试样进行力学性能、机械强度、耐温性能、尺寸精密度的检验。将数据汇总，通

过专用数据分析软件进行评估。

③钢铁产品发货前质量检查。根据分销商（产品用户）的质量要求，对照检验报告、技术标准、订货合同和协议判定产品质量是否满足出货要求。如满足要求，准备出货；否则发回生产过程，并找出原因。

（5）销售过程质量控制。

①包装运送质量检查。在接到销库现场人员通知后，发货检查员还要协同库工进行包装。此过程可以有分销商或产品用户协同进行检验，保证运输安全和运输过程中的产品保护，并且要便于装卸过程，提高过程服务质量。

②销售过程信息化控制。产品分销商可以从钢铁企业得到产品的身份证明系统，以便跟踪产品生产进度、产品质量检测分析报告、出库时间等。如果出现问题，分销商可以快速将质量问题反馈到钢铁企业，找到解决方法或弥补方式，提高后期产品质量和钢铁使用的服务质量。

③物流控制。供应链质量管理需要强大的物流技术作为支撑，如原材料的库存、仓储、运输，产品的搬运与包装、配送技术等，这些物流技术是保障产品质量和服务质量的重要因素之一。

建议可通过与分销商建立供应链集成物流系统，实现钢材的出入库自动输送、自动质量控制与质量信息管理，并对仓库的货物实现物料搬运仓储自动化管理。分销商可以实时了解所需钢材的库存情况，提高钢铁企业销售服务质量。

④售后服务质量控制。售后管理是产品在顾客使用过程中的质量管理，协同顾客、供应商对产品质量异议情况进行分析，并进行相应的处理。

3. 钢铁企业供应链质量控制的原则

从理论上讲，核心钢铁企业在进行供应链质量控制时，需遵循以下原则。

（1）供应链节点企业之间应实行事前质量控制。通过上下游企业产业链战略联盟建立后的全流程思考，把所有可能会出现的质量问题一一列出，并作出对应解决方法，保证产品质量。

（2）钢铁企业应加强对供应链节点企业质量的监督作用。保证原材料的进厂可靠性，保证供货的时间可控性，最终实现更好的产品质量和服务质量。

（3）建立实时的质量信息反馈协调平台。及时发现问题并解决问题，将问题损失降低到最小，提高产品和服务质量。

（4）在供应商、钢铁企业和分销商（钢铁用户）间建立联合的信息系统，以实现在整个供应链范围内的原材料、钢铁产品质量信息共享、使用质量信息反馈和质量优化改进方法设计；同时可运用配套数学统计方法和质量统计分析工具对供应链质量问题进行分析，进行质量预测。

5.3.3 钢铁企业供应链质量保证

1. 钢铁企业供应链质量保证的定义

供应链质量保证是指供应链成员企业为了得到彼此之间的信任，在质量管理体系中实施并根据需要证实的全部有计划的系统的活动。

供应链成员企业彼此提供所生产的产品符合要求及质量管理过程符合要求的证据，从而建立更强健的信任关系，只有这样才能使顾客对整个供应链提供的产品更加满意更加放心，才能取得更大的成功。

2. 钢铁企业供应链质量保证的内容

（1）供应链节点企业都要争取国际知名质量认证机构认证，与国际接轨。

（2）供应链节点企业向核心企业出具质量保证计划书，同时一级供应商有责任保证由二级供应商提供的产品得到同样的保证。

（3）对于钢铁企业供应链集成质量保证，质量保证过程可以在前期直接与原材料供应商和钢材使用企业进行协调，按照具体需求，在有效保证产品质量的期望下设计对应质量保证手段。通过此方法不但更有针对性，而且检测和分析过程效率也将大大提高。

（4）钢铁质量保证的内容除了确保质量可靠，更重要的是要分析钢铁质量保证因素，以及建立对应的一系列有效的评价方法、有组织的评价活动，为下游用户对产品的信任提供充分可靠的证据。

（5）从原材料采购到生产到库存再到最后出库的交接工作，甚至生产过程中各个流程的交接都要设立对应规范和文件。其内容包括名称、数量、规格、型号、等级、厂家、交接情况等。

（6）对每一批钢铁产品都建立身份资料系统，从最开始的原材料采购（厂家、材料技术参数、物流情况、储存情况等），到生产过程的生产班组（使用的生产技术、生产设备、生产时间、检验人员等），到后期的库存（储存状态、包装情况），到物流情况等做好完整的记录，其包括以下要素：生产人员、检验人员、批准人员、时间。当出现质量问题后，可以快速实现追踪，找到问题并解决问题，提高产品质量和服务质量。

（7）针对每批不合格的产品都要进行质量问题分析会，可以协同原材料供应商和产品用户一同来组织评审，制定生产纠正措施，并编写纠正预防措施文件，指定对应质检员负责全程跟踪验证，并编写记录。

3. 钢铁企业供应链质量保证的原则

从理论上讲，作为核心钢铁企业在进行供应链质量保证时，应遵循以下原则。

（1）出现质量问题，应以正确、诚恳态度回应企业高层管理人员和社会。

（2）钢铁企业最好在产品的设计中就让专业的国际测试机构或全球知名的认证机构参与。及时申请目的市场的认证，将极大地帮助核心企业确保高效的产品生产流程，节约成本，从而让整个供应链中的每一个环节都满意。

（3）重要产品以及服务应争取得到中国检验认证集团的认可。

5.3.4　钢铁企业供应链质量改进

1. 钢铁企业供应链质量改进的定义

供应链质量改进是供应链成员企业在供应链质量控制的基础上，为了进一步提高供应链质量，协同在整个供应链内所采取的提高活动和过程的效果与效率的措施。

钢铁企业供应链质量改进为向钢铁用户、钢铁分销商提供增值质量效益，在由原材料供应商、钢铁企业、分销商（钢铁用户）所组成的整个供应链战略联盟中采取的提高质量的措施、方法、流程和规范，以及对应效果的分析和问题总结。总之，钢铁企业供应链质量改进是钢铁企业和供应链成员企业共同对现有的质量情况加以分析、提高，使得钢铁产品的质量、供应链成员企业的服务质量达到新标准、新高度。

2. 钢铁供应链质量改进的内容

（1）分析供应链质量管理过程中哪些过程还有待改进，参考供应链成员企业对产品质量和服务质量的反馈消息，综合原材料进口成本、生产成本、销售附加值利润等效益因素，找到具有质量改进价值的质量缺陷点、质量改进点、产品创新点。

（2）问题原因分析。出现问题后，通过人员经验分析、系统分析法（逐步排除无关因素，找到主要相关因素）、图表数据法（数据分析图表、软件等）、假设模拟法（通过模拟或再现问题）等找到供应链质量问题原因。

（3）制订供应链质量改进计划并实施。策划如何进行质量改进和可实现的具体实施措施，实施过程要有效监管调控，并及时总结。

（4）确认供应链质量改进效果。通过钢铁分销商和钢铁用户验证质量改进效果，质量问题解决的程度避免问题的反复。对有效提出质量改进的机构人员提供配套奖励和对应后续支持，这样在保证人员积极性的同时实现改进的有序可持续进行。

（5）质量改进标准化和总结。对钢铁质量改进的方法进行深入分析和归类，建立标准化调查、分析、改进规范；对供应链成员企业相关人员建立配套培训机制和应用考核机制，保证规范的有效应用。

3. 钢铁企业供应链质量改进原则

从理论上讲，作为核心钢铁企业在进行供应链质量改进时，应遵循以下原则。

（1）核心钢铁企业应从整个供应链角度出发在成本控制下进行合理质量改进。

（2）依据木桶原理，重点改进供应链薄弱环节。

（3）在供应链管理中建立专门负责持续改进的管理机构。其主要职责是：制定供应链质量改进的目标和策略，进行企业间项目策划及利益冲突协调，对供应链质量改进成果进行监督及评估、奖励。

（4）通过数据挖掘或者统计分析技术发现供应链的薄弱环节，核心钢铁企业可通过提供资金、技术、人员或培训帮助改进薄弱环节，确保质量系统融合。

5.4 本章小结

本章针对钢铁企业集成化、信息化的特点，本书借鉴 ISO 9000 和过程集成理论建立了钢铁企业供应链质量管理模式。从供应链质量策划、供应链质量控制、供应链质量保证以及供应链质量改进四个方面系统地探讨了钢铁企业如何与其他供应链成员企业共同进行供应链质量管理。为钢铁企业实施供应链质量管理提供了较为系统、全面的理论框架。

第6章

钢铁企业供应链质量管理影响因素研究

现有文献中存在不少供应链管理、质量管理和供应链质量管理的影响因素及评价指标体系的研究。冯良清、谢奉军、吴佳丽（2008）从生命周期角度阐述虚拟企业质量环，设计了面向虚拟企业生命周期的质量管理评价指标体系。郭子雪、张强（2009）建立了质量管理体系运行有效性的影响因素研究。周荣辅、赵俊仙（2008）根据供应链节点企业的协同特征，从战略协同、业务流程协同和信息协同三个方面研究了供应链协同效果影响因素。陈久梅、康世瀛研究了时间、成本、鲁棒性和适应性是供应链协同性的主要影响因素。邓超，游本善、吴军（2007）把协同质量管理下的质量评价指标分为静态指标和动态指标进行研究。动态指标包括物流、工作流、资金流和信息流。

但通过对现在已有文献中有关供应链质量管理的信息可知：冯良清等人和郭子雪，张强的研究是面向单个企业质量管理的，不是针对整个供应链质量管理的。周荣辅、赵俊仙以及陈久梅，康世瀛虽然针对供应链协同性进行了研究，但是在评价指标中，质量相关指标只占很小的一部分。邓超、游本善、吴军建立的协同质量管理下的质量评价指标体系最为靠近供应链协同质量管理，但是指标数量少、不全面，而且没有突出供应链的协同的概念，仍然以核心企业和供应商的评价指标为主，而忽略了分销商、用户、第三方物流等供应链其他成员企业。

同时笔者注意到，在现有文献中也不存在一个明确、较全面的针对钢铁企业的供应链质量管理影响因素研究。不同的行业其供应链质量管理影响因素及衡量指标必然会有所差异。而企业也不可能将所有对供应链质量管理有影响的因素都予以充分的控制和保证，因此十分有必要研究就供应链质量管理而言哪些因素对质量影响大，研究结果将有助于企业将主要精力放在对质量影响大的因素的控制和改进上。基于此目的，本书试图全面地考虑钢铁企业有哪些影响质量的供应链质量管理因素，同时通过调查问卷的方式研究钢铁企业中就供应链质量管理而言哪些因素对质量影响大。

6.1　钢铁企业供应链质量管理影响因素及衡量指标选取

在阅读大量有关供应链质量管理、供应链协同管理、质量链管理、钢铁企业质量管理等有关文献，本书首次在考虑了钢铁企业的具体特征和考虑了供应链成员企业的基础上，较全面地总结了钢铁企业的供应链质量管理影响因素及其衡量指标。

本书从过程角度对钢铁企业供应链质量管理影响因素进行研究：分为钢铁企业供应链协同产品设计和开发过程、钢铁企业供应链协同采购过程、钢铁企业供应链协同制造过程和钢铁企业供应链协同销售过程四部分，每部分分别研究其影响因素及衡量指标。

1. 钢铁企业供应链协同产品设计和开发过程

在钢铁企业供应链协同产品设计和开发过程中主要有以下影响因素。

（1）订单。

①订单预测准确率。订单预测是供应链的成员企业协同设计和开发产品的第一步，接着核心钢铁企业要按照订单预测进行生产、销售、库存等一系列后续活动，所以订单预测结果尽量准确是保障钢铁企业供应链质量管理后续工作井然有序进行的第一步。

假定核心钢铁企业生产规模不受资源限制，实际完成数即可以反映需求量，而计划完成数反映了预测的结果，那么订单预测准确率的计算公式为

$$订单预测准确率 = \frac{实际完成数}{计划数} \times 100\%$$

②订单平均反应速度。现在的钢铁企业绝大部分为面向订单生产，但是不是单纯地完全面向订单，钢铁企业也会进行订单预测，随着订单对钢材产品的品种、性能、规格和交货状态等要求越来越多样化，还需要对订单进行分批、合批处理等，因此订单的平均反应速度也是一个重要衡量指标，本书主要考虑钢铁企业从接收订单到完成生产计划的时间。

（2）新产品开发设计。看新产品的市场表现如何，能否给企业带来效益，这可以用新产品收益率来衡量。

$$新产品收益率 = \frac{新产品收益水平}{新产品开发投入水平} \times 100\%$$

（3）研发部门与其他部门的交流。从供应链角度来讲，研发部门需要与其他部门，如采购部、销售部，甚至与企业外的供应商、分销商以及最终顾客进行定期交流，这将对研发产品起到非常重要的作用。因此，可以考察钢铁企业是否有明确的规章制度要求研发部门与上述部门和供应链其他节点企业进行交流，以及交流频率等指标。

2. 钢铁企业供应链协同采购过程

在钢铁企业供应链协同采购过程中主要有以下影响因素。

（1）原材料。钢铁企业原材料采购衡量指标可包括以下几个。

①煤炭抽样合格率。煤炭作为钢铁企业重要燃料，其合格率必然影响钢铁企业的供应链产品质量。

②铁矿石抽样合格率。铁矿石作为钢铁企业最重要的原材料之一，其合格率也必然影响钢铁企业的供应链最终产品质量。

③供应链原材料平均库存率。该指标不同于原材料平均库存率，它强调供应链的概念。不同于以往计算单个企业的所有原材料的平均库存率，而是将供应商企业和核心钢铁企业共同包括进来，共同计算供应链原材料平均库存率。它是指一定时期内，各供应商和核心企业原材料库存总额占各供应商商品销售总额和核心企业商品销售总额的比重。假定供应链有 l 个供应商企业，一个核心企业，则计算公式为

$$R_{ms} = \frac{\sum_{i=1}^{l} C_{mi} + C_{m0}}{\sum_{i=1}^{l} S_i + S_0} \times 100\%$$

式中，R_{ms} 表示供应链原材料平均库存率；C_{mi} 表示第 i 个供应商企业的原材料库存总额；C_{m0} 表示核心企业原材料库存总额；S_i 表示第 i 个供应商企业的商品销售总额；S_0 表示核心企业商品销售总额。

（2）采购原材料按时收到比率。钢铁企业采购的原材料是否能按时到达企业也是影响采购质量的一个主要影响因素。

（3）供应商。

①大宗用料供应商总数。这里所指的大宗用料主要是指铁矿石和煤炭，也就是为核心钢铁企业供应铁矿石和煤炭的供应商总数。供应商总数过多或过少都有坏处，过多，不利于供应链上的核心钢铁企业对所有的供应商进行管理；过少，又会出现供应链风险过大，不易维持产品正常生产和供应链稳定。

②供应商客户保有率。该指标反映了供应商与核心钢铁企业的合作质量。

假定核心钢铁企业的生产产品种类只有增加没有减少，则供应商客户保有率的计算公式为

$$供应商保有率 = 1 - 供应商流失率$$

式中，$供应商流失率 = \dfrac{当年供应商流失个数}{供应链原供应商总个数}$。

③与供应商产品信息共享程度。越来越多的文献表明，整个供应链信息越透明，越有利于最终产品的质量，因此，与供应商的产品信息共享程度也是一个重要的衡量指标。

④联合库存程度。联合库存管理是近年来供应链库存管理的新概念，可以有效地减少库存点和相应的库存设立费及仓储作业费，从而降低供应链系统总的库存费用。这种库存控制模式也为其他科学的供应链物流管理，如连续补充货物、快速反应、准时化供货等创造了条件，有利于提高整个供应链的服务质量。因此与供应商的联合库存程度也是一个重要的衡量指标。

3. 钢铁企业供应链协同制造过程

在钢铁企业供应链协同制造过程中主要有以下影响因素。

（1）业务外包。如果一个钢铁企业外包比例很高，那么其钢铁产品的质量就很难保证，因此业务外包比例是一个主要衡量指标。

（2）产需率。产需率是指在一定时期内，供应链各节点已生产的产品数（或提供的服务）与其下游节点（或用户）对该产品（或服务）的需求量的比值。其具体分为以下两个指标。

①供应链节点企业产需率。该指标反映上下游节点企业之间的供求关系。产需率越接近1，说明上下游节点间的供需关系协调，准时交货率高；反之则说明上下游节点间的准时交货率低或综合管理水平较低。

$$供应链节点企业产需率 = \dfrac{一定时间内节点企业已生产的产品数量}{一定时间内下游节点企业对该产品的需求量}$$

②供应链核心企业产需率。该指标反映供应链整体生产能力和快速响应市场的能力。若该指标数据大于或等于1，说明供应链整体生产能力较强，能快速响应市场需求，有较强的市场竞争能力。

$$供应链核心企业产需率 = \dfrac{一定时间内核心企业生产的产品数量}{一定时间内客户对该产品的需求量}$$

（3）供应链生产过程控制能力。供应链上所有生产企业的生产过程能力指数的加权平均数，综合反映了供应链上所有生产企业的生产过程控制能力，计算公式为

$$\overline{C}_P = \frac{\sum_{i=1}^n V_i \left[\left(T_{ui} - T_{Li} \right) / \sigma_i \right]}{6V}$$

式中，$\overline{C}_P$ 表示供应链生产过程控制能力；V_i 表示供应链上第 i 个生产企业的年生产总值；T_{ui} 和 T_{Li} 分别表示第 i 个生产企业生产过程的公差上限和下限；σ_i 表示第 i 个生产企业生产过程的总体标准差；$V = \sum_{i=1}^n V_i$。

4. 钢铁企业供应链协同销售过程

在钢铁企业供应链协同销售过程中主要有以下影响因素。

（1）产销率。整个供应链企业的产销协同程度可用产销率来衡量，产销率是指一定时间内已销售出去的产品与已生产产品数量的比值。随着管理技术和设备水平的不断提高，所取时间段的单位越小，越能及时动态反映供应链的经营状况以及资源（人、财、物、信息）的有效利用程度。产销率的计算公式为

$$R_s = \frac{\sum_{i=1}^n S_i}{\sum_{i=1}^n P_i} \times 100\%$$

式中，R_s 为产销率；P_i 为第 i 个节点企业在一定时期已生产产品产量；S_i 为第 i 个节点企业在一定时期内产品售量。

（2）销售部门与企业内部以及其他节点企业的交流情况。从供应链角度来讲，销售部门需要与其他部门，如采购部、生产部，甚至与企业外的供应商，以及最终顾客进行定期交流，这将对产品销售及产品质量提高起到非常重要的作用。因此，可以考察钢铁企业是否有明确的规章制度要求销售部门与上述部门和供应链其他节点企业进行交流，交流频率等指标。

（3）退货响应速度。当钢铁企业产品因不同原因出现退货要求，退货的响应速度也反映了钢铁企业供应链质量管理的能力。响应速度可以用每件问题平均响应时间来衡量，也就是从出现问题到解决问题所需要的时间。

$$T_s = \frac{1}{n} \sum_{i=1}^n T_i$$

式中，T_s 为响应速度；n 为一定时期内退货问题总数；T_i 为解决第 i 个问题的时间。

（4）分销商流失率。分销商客户变动越小，即同时考虑新增的分销商和流失的分销商个数变动越小，说明企业的分销网络越稳定，也在一定意义上说明了彼此合作较为顺利，较为满意。

　　虽然本书是分为钢铁企业供应链协同产品设计和开发过程、钢铁企业供应链协同采购过程、钢铁企业供应链协同制造过程和钢铁企业供应链协同销售过程这四部分分别研究其影响因素及衡量指标，但是笔者认为每个部分的指标也并不是割裂的，某些指标同时影响两个或者3个过程，图6-1是对这些影响因素及其衡量指标的一个梳理。

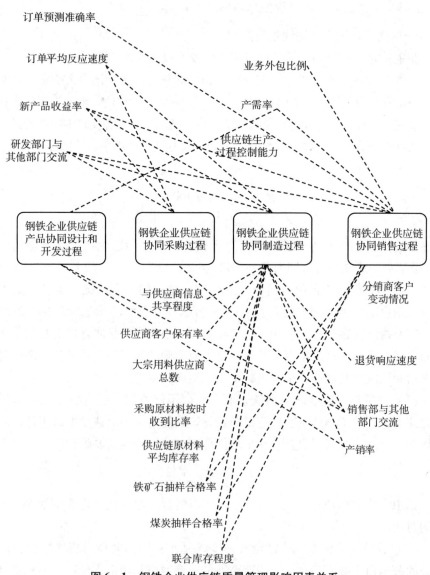

图6-1　钢铁企业供应链质量管理影响因素关系

6.2　钢铁企业供应链质量管理调查问卷设计与发放

6.2.1　调查问卷设计

本次调查问卷调研对象是中国钢铁企业（包含大、中、小型钢铁企业），且要求该钢铁企业在其所在的供应链中为核心企业地位。

本次调查问卷的主要目的是：调查国内钢铁企业供应链管理对其产品质量影响及其相关问题，研究从供应链质量管理角度来提高我国钢铁企业产品及服务质量的方案。

调查问卷问题设计与修改：此次调查问卷大体上修改了四版，期间受到了企业管理和管理科学与工程三位教授、钢铁企业相关工作人员、钢铁研究总院相关领导的支持和帮助，在此表示感谢。

第一版设计的调查问卷是在学习了一些文献后开始设计的，调查问卷的问题主要依据 6.1 节总结和筛选的钢铁企业供应链质量影响因素及衡量指标进行设计，设计的调查问卷初稿为 39 个问题，共 5 页。

在调查问卷初稿设计出来后，专门请企业管理和管理科学与工程的三位教授做了改进，按照他们的修改意见，调查问卷第二版更加明确了调查目的和调查意义，细分了章节，仔细斟酌了每一个问题，提问更加明确详细，如在第一版中有这样的问题：贵企业 2010 年员工数目？在第二版中就进行了详细说明，改为：贵企业 2010 年员工数目（包括正式职工、合同工、临时工）？这样的修改便于问卷填写者不至于产生困惑或歧义。另外，参考一些有关钢铁企业的公开数据，如钢铁企业员工数、年利润等，使问卷选项的设计更加合理化。同时，还专门请教了钢铁研究总院的研究人员和包钢的几位钢铁企业相关工作人员，对问卷的内容进行补充和修改，最终形成第二版调查问卷共 15 页，包含 51 个问题。分为五大部分：第一部分，钢铁企业基本信息；第二部分，钢铁企业供应链管理基本情况；第三部分，钢铁企业产品质量情况，下设物料质量情况、产品质量情况和服务质量情况；第四部分，钢铁供应链协同质量管理具体情况，下设钢铁企业供应链协同产品设计与开发情况、钢铁企业供应链协同采购情况和钢铁企业供应链协同销售情况；第五部分，基于质量的供应链管理改进情况。

第二版调查问卷应该说从内容上设计比较全面，题目设计和选项设计也更加合理，但是在听取教授和钢铁企业相关工作人员的意见后，大家一致表示，问卷15页填写起来比较困难，对问卷填写者要求偏高。因此，笔者又进行了第三版修改，第三版调查问卷主要保留了最核心的问题，另外与钢铁企业工作人员和三位教授共同定性分析哪些因素可能对供应链质量管理影响很小，予以删除。最后第三版调查问卷共5页，29个问题。

在让两家钢铁企业试填第三版调查问卷之后，根据填写情况做了相应修改，同时去掉了能从其他途径收集到的数据（很多钢铁企业基本信息是有公开数据的，如企业利润、企业性质等），最终形成了第四版调查问卷。

在第四版调查问卷中，钢铁企业产品的质量用三个指标进行衡量：2010年该企业产量最大的钢材产品合格率，主要衡量钢铁企业重点业务的质量水平；2010年该企业的钢材综合成材率，这是衡量钢铁企业产品质量的一个综合指标；2010年该企业的等级品产值率，等级品产值率是指优等品和一等品占钢铁企业销售收入的比例，这一指标有助于衡量钢铁企业产品中高质量产品所占的比重，也是对钢铁企业产品质量衡量的一个重要指标。最终形成的调查问卷结构如图6-2所示。

从图6-2可以看出，有关钢铁企业供应链协同制造过程的因素考虑较少，这是由于本次调查问卷目的是从供应链角度来研究供应链协同质量管理的，弱化了企业内部的制造过程，而更多的是从企业外部供应链和企业内部供应链考虑影响因素。除上述供应链质量管理影响因素外，问卷中还专门增加了三个问题，其设计目的是为了发现钢铁企业供应链质量管理现存哪些问题，以及管理人员计划未来在哪些方面加强供应链质量管理。以下是这三个问题。

（1）贵企业过去采购产品出现质量问题的主要原因有哪些？

（2）与分销商结束合作原因有哪些？

（3）将来贵企业计划在哪些方面加强供应链管理以提高产品和服务质量？

并对您选择的计划按照重要性排序，如您认为引进供应链管理人才很重要，在括号标注（1）。

共设计了8个题项：建立专门的负责供应链管理的部门；开发适应本企业的供应链质量管理软件；邀请供应商、分销商协同开发新产品或改进现有产品；加强对供应商和外协厂家的选择和质量协同管理，对供应商的采购、生产、

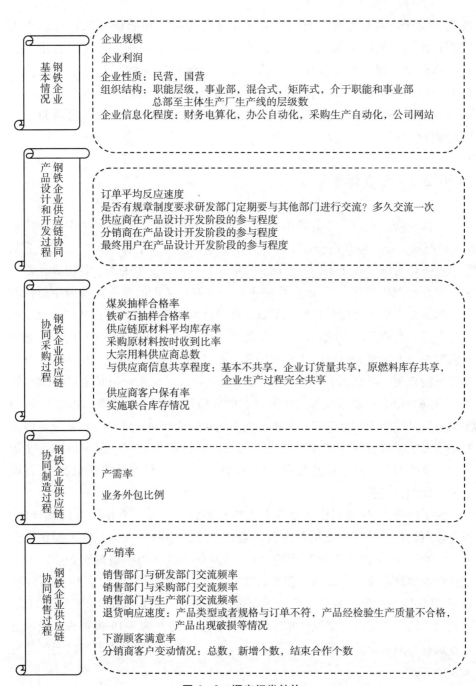

钢铁企业基本情况

企业规模

企业利润

企业性质：民营，国营
组织结构：职能层级，事业部，混合式，矩阵式，介于职能和事业部
        总部至主体生产厂生产线的层级数
企业信息化程度：财务电算化，办公自动化，采购生产自动化，公司网站

钢铁企业供应链产品设计和开发过程协同

订单平均反应速度
是否有规章制度要求研发部门定期要与其他部门进行交流？多久交流一次
供应商在产品设计开发阶段的参与程度
分销商在产品设计开发阶段的参与程度
最终用户在产品设计开发阶段的参与程度

钢铁企业供应链协同采购过程

煤炭抽样合格率
铁矿石抽样合格率
供应链原材料平均库存率
采购原材料按时收到比率
大宗用料供应商总数
与供应商信息共享程度：基本不共享，企业订货量共享，原燃料库存共享，
                企业生产过程完全共享

供应商客户保有率
实施联合库存情况

钢铁企业供应链协同制造过程

产需率

业务外包比例

钢铁企业供应链协同销售过程

产销率

销售部门与研发部门交流频率
销售部门与采购部门交流频率
销售部门与生产部门交流频率
退货响应速度：产品类型或者规格与订单不符，产品经检验生产质量不合格，
            产品出现破损等情况
下游顾客满意率
分销商客户变动情况：总数，新增个数，结束合作个数

图 6 - 2 调查问卷结构

物流、设计、项目管理等方面设立了相关的标准，按照该标准选择优秀供应商；派质量检验人员到供应商企业进行监督；加强与主要供应商建立信息共享程度；制定物流操作环节的规范、物流质量的标准和要求、质量审核的指标体系，并告知物流商，确保物流质量；遇到质量问题与主要供应商和分销商协同解决，并制订相应的解决问题的方案，明确供应商和分销商的职责。

6.2.2　调查问卷发放

中国钢铁工业协会专务理事黄金干2007年发表公开讲话："中国目前有871家产钢企业，但产钢企业不等于炼钢企业，因为其中有很多加工型企业的主营业务是对钢进行加工，只生产少量满足自身生产需求的钢。我国真正的炼钢企业只有260家左右。"区分炼钢企业和一般意义上的钢铁企业的主要标准就是炼钢企业是需要自己采购铁矿石，并自己生产铁水和钢水，其中规模最小的年产量只有两万吨。随着市场竞争的进一步激烈，钢铁企业之间的兼并重组将会加快，大量势力较弱的中小型钢铁企业将逐渐被市场淘汰。现在的公开数据并不能查到。截至2011年，真正的炼钢企业有多少家，但是通过咨询钢铁研究总院的相关专家，认为260家左右的数据还是比较权威的，通过近3~4年的发展，约为240家左右。本次的调查问卷的调查对象针对炼钢企业，因此在综合考虑了调查问卷的填写难度、调查问卷的回收难度、国内炼钢企业规模，以及数据分析所要求的最小数据量的问题之后，最终决定选取30家钢铁企业发放调查问卷。

为了保证这30家钢铁企业覆盖大中小型钢铁企业，采用了分层抽样法。首先按照企业规模（企业员工人数）进行分层，100000人以上为大型钢铁企业，50000~100000人为中型钢铁企业，50000人以下为小型钢铁企业，大型钢铁企业抽取4家，中型钢铁企业抽取12家，小型钢铁企业抽取14家。在确定完30家钢铁企业的名单之后，先通过钢铁研究总院发放了11家，这11家是与钢铁研究总院有数据统计来往的77家企业中的，剩下19家钢铁企业，是笔者亲自到钢铁企业与各相关部门负责人进行沟通，共同完成调查问卷的填写工作。

6.3　调查问卷回收结果分析

6.3.1　信度分析

信度是指根据测验工具所得到的结果的一致性或稳定性，反映被测特征真实程度的指标。即所得到的数据是否真实、可靠、准确，通常用信度系数来表示信度的大小。

如果用 T 表示真实的分数，B 表示偏差分数即系统误差，E 表示测量误差，X 表示实际问卷的得分，则 $X = T + B + E$。但是由于在实际问卷调查中，系统误差很难分解，因此也有一些文献写为：$X = T + E$。一般假定测量误差期望等于 0，并且测量误差与实际问卷的得分相互独立。这样可证明：测量得分的方差等于实际得分的方差加误差方差之和，且测量得分的期望等于实际得分的期望，即

$$E(X) = E(T)$$

$$\sigma_X^2 = \sigma_T^2 + \sigma_E^2$$

信度一般规定为实际得分的方差在总的方差中所占的比例，即

$$\frac{\sigma_T^2}{\sigma_X^2} = 1 - \frac{\sigma_E^2}{\sigma_X^2} \text{ 或 } \sqrt{\frac{\sigma_T^2}{\sigma_X^2}}$$

常见的信度分析方法有以下几种。

（1）重测信度法。把同样的问卷对同一被测对象间隔一定时间进行重复测试，计算两次测试结果的相关系数。测试的是跨时间的一致性。适用于事实性的问卷，也可用于不易受环境影响的态度、意见式问卷。

（2）折半信度法。折半信度法是指将测量项目分成两半，分别记分，测算出两半分数之间的相关系数，再根据此确定整个测量的信度系数 R_{XX}。折半信度测量的是两半项目的一致性。这种方法不适用于测量事实性问卷，常用于态度问卷的信度分析。

（3）复本信度法。让被测对象同时填写两份问卷复本，计算两个复本的相关系数。复本信度要求两个复本表达方式必须不同，但是考察内容、格式、难度以及提问方式等要一致，这点在实际的设计调查问卷中是很难做到的，所以一般很少使用复本信度法。

（4）评分者信度法。这种方法可计算一个评分者的一组评分与另一个评分者的一组评分的相关系数。常用的有皮尔逊积矩相关系数来计算

$$r = \frac{\sum Z_X Z_Y}{N-1} \text{ 或}$$

$$r = \frac{N\sum xy - \sum x \sum y}{\sqrt{\left[N\sum X^2 - (\sum x)^2\right]\left[N\sum Y^2 - (\sum y)^2\right]}}$$

式中，Z_X 表示变量 X 的观测值的标准分；Z_Y 表示变量 Y 的观测值的标准分；$\sum Z_X Z_Y$ 即对每对标准分之积的和；$N-1$ 为相关系数的自由度；x，y 即观测值。

（5）α 信度系数法。Cronbach α 系数是目前最常用的信度系数。α 系数是内部一致性系数，除表示信度系数外，在一定程度上也表示了效度。其计算公式为

$$\alpha = \frac{K}{K-1}\left(1 - \frac{\sum S_i^2}{S_T^2}\right)$$

式中，K 表示题项的总数；S_i^2 表示第 i 道题得分的题内方差；S_T^2 表示全部题总得分的方差。

从 Cronbach α 系数计算公式中可以看出，α 系数评价的是量表中各题项得分间的一致性，属于内在一致性系数。这种方法适用于态度、意见式问卷（量表）的信度分析。

在回收完调查问卷后，应用 SPSS 13.0 对调查问卷的回收结果进行信度分析，SPSS 13.0 测验信度分析的模块为 Scale 下的 Reliability Analysis。Reliability Analysis 模块主要功能是检验测验的信度，主要用来检验折半信度、α 系数以及 Hoyt 信度系数值。至于重测信度和复本信度，只需将样本在两次（份）测验分数的数据合并到同一数据文件之后，利用 Correlate 之下的 Bivariate 求其相关系数即可；而评分者信度则用 Spearman 等级相关及 Kendall 和谐系数。本书应用了 Cronbach α 系数信度分析对调查问卷数据进行了分析，得出以下结果：

****** Method 1 （space saver） will be used for this analysis ******

R E L I A B I L I T Y   A N A L Y S I S   –   S C A L E   (A L P H A)

		Mean	Std Dev	Cases
1.	A1	1.2000	.4068	30.0
2.	A2	1.5333	.5074	30.0

3.	A3	. 7667	. 4302	30. 0
4.	A4	6. 9333	1. 6802	30. 0
5.	A5	4. 2000	. 7144	30. 0
6.	A6	3. 4667	. 6814	30. 0
7.	A7	1. 9667	. 1826	30. 0
8.	B1	1. 4000	. 4983	30. 0
9.	B2	1. 4333	. 5040	30. 0
10.	B3	2. 1000	. 8030	30. 0
11.	B4	2. 2333	. 8584	30. 0
12.	B5	1. 8000	. 5509	30. 0
13.	B6	2. 1667	. 6989	30. 0
14.	B7	2. 2000	. 8867	30. 0
15.	B8	3. 6667	. 8442	30. 0
16.	B9	2. 8000	. 7611	30. 0
17.	B10. 1	2. 2667	. 6397	30. 0
18.	B10. 2	2. 1000	. 7120	30. 0
19.	B10. 3	2. 6667	. 4795	30. 0
20.	B12	1. 5333	. 5074	30. 0
21.	B13	1. 3000	. 4661	30. 0
22.	B14	1. 9667	. 8899	30. 0
23.	B15	1. 4333	. 5040	30. 0
24.	B16	1. 4000	. 4983	30. 0
25.	B17. 1	1. 5667	. 6261	30. 0
26.	B17. 2	1. 3333	. 6065	30. 0
27.	B17. 3	1. 8333	. 3790	30. 0
28.	B18. 1	2. 1000	. 6074	30. 0
29.	B18. 2	2. 1000	. 6074	30. 0

30.	B18. 3	2. 2333	. 4302	30. 0
31.	B19	2. 2000	. 7611	30. 0
32.	B20	2. 0667	. 5833	30. 0
33.	B21	1. 7000	. 7022	30. 0
34.	B22. 1	1. 0000	. 5872	30. 0
35.	B22. 2	1. 4333	. 7279	

				N of
Statistics for	Mean	Variance	Std Dev	Variables
SCALE	74. 1000	40. 9897	6. 4023	35

R E L I A B I L I T Y   A N A L Y S I S   –   S C A L E   (A L P H A)

Item-total Statistics

	Scale Mean if Item Deleted	Scale Variance if Item Deleted	Corrected Item – Total Correlation	Alpha if Item Deleted
A1	72. 9000	39. 5414	. 2507	. 6119
A2	72. 5667	41. 0126	− . 0432	. 6293
A3	73. 3333	39. 9540	. 1564	. 6168
A4	67. 1667	34. 8333	. 1681	. 6340
A5	69. 9000	41. 0586	− . 0633	. 6360
A6	70. 6333	36. 5851	. 4780	. 5865
A7	72. 1333	41. 6368	− . 2888	. 6297
B1	72. 7000	39. 5966	. 1826	. 6147
B2	72. 6667	40. 2299	. 0791	. 6214
B3	72. 0000	37. 9310	. 2440	. 6072
B4	71. 8667	38. 3264	. 1813	. 6140

B5	72. 3000	40. 1483	. 0771	. 6218
B6	71. 9333	37. 0299	. 4081	. 5925
B7	71. 9000	36. 0241	. 3927	. 5888
B8	70. 4333	35. 5644	. 4680	. 5810
B9	71. 3000	33. 8034	. 7465	. 5535
B10. 1	71. 8333	37. 7989	. 3536	. 5993
B10. 2	72. 0000	39. 3103	. 1313	. 6184
B10. 3	71. 4333	40. 0471	. 1174	. 6189
B12	72. 5667	39. 2195	. 2380	. 6109
B13	72. 8000	39. 3379	. 2454	. 6111
B14	72. 1333	39. 8437	. 0315	. 6313
B15	72. 6667	41. 5402	−. 1238	. 6343
B16	72. 7000	38. 9759	. 2838	. 6081
B17. 1	72. 5333	40. 6023	−. 0006	. 6286
B17. 2	72. 7667	41. 4954	−. 1118	. 6367
B17. 3	72. 2667	39. 1678	. 3537	. 6074
B18. 1	72. 0000	38. 8276	. 2369	. 6096
B18. 2	72. 0000	38. 8276	. 2369	. 6096
B18. 3	71. 8667	41. 1540	−. 0633	. 6288
B19	71. 9000	40. 9897	−. 0594	. 6371
B20	72. 0333	37. 8954	. 3835	. 5985
B21	72. 4000	41. 1448	−. 0720	. 6364
B22. 1	73. 1000	40. 0241	. 0835	. 6216
B22. 2	72. 6667	39. 4023	. 1157	. 6200

R E L I A B I L I T Y　A N A L Y S I S　−　S C A L E　(A L P H A)

Reliability Coefficients

N of Cases =　30. 0　　　　　　　　N of Items = 35

Alpha =　. 6220

信度分析表明整个问卷一致性系数 Cronbach $\alpha = 0.6220$，这个系数结果说还是较为理想的，说明整个问卷的信度是可接受范围内的。究竟信度系数要多少才算高的信度，现在还没有统一的、权威的标准，因为信度系数与题项设计、统计方法，还有测试数目等相关，现在文献中常用的标准是：0.60 以下，认为信度不好；0.60 ~ 0.70，认为信度较好；0.70 ~ 0.80，认为信度相当好；0.80 ~ 0.90，认为信度非常好。由此，一份信度系数较好的量表或问卷，最好在 0.60 以上。如果信度系数在 0.60 以下，应考虑重新修订量表或增删题项。

理论上说，只有测验难度为 50% 时，才能使测验分数分布范围最大，求得的信度也最高。事实上，难度为 0.50 只适合于简答型题目，洛德提出在学习成绩中，为了保证其可靠性，各类选择题的理想平均难度为：是非题，0.85；三择一测，0.77；四择一测，0.74；五择一测，0.70。而此次问卷题项设置大部分为 8 项。因此，0.6220 的信度系数还是较为满意的，而且通过分析结果来看，并没有必要删减题项，在删减某一项后，Cronbach α 系数最多提高到 0.6367，提高幅度不是很大，因此并不需对调查问卷进行修改。总的来讲，此次调查问卷的内部一致性还是较高的。

6.3.2 调查问卷数据描述性分析

1. 钢铁企业质量指标

调查问卷中，钢铁企业质量分为产品质量和服务质量，产品质量用三个指标进行衡量：2010 年该企业产量最大的钢材产品合格率，2010 年该企业的钢材综合成材率和 2010 年该企业的等级品产值率。应该说这三个指标是从不同角度对钢铁企业产品质量水平的衡量。钢铁企业服务质量用下游客户服务满意率衡量。质量管理最终的目的：顾客满意，获得利润。可见客户满意率对质量管理的重要意义。

如表 6 - 1 所示，在所调查的 30 家钢铁企业中，绝大部分钢铁企业（66.7%）的 2010 年产量最大的钢材产品合格率为 80% ~ 89.9%，而只有两家钢铁企业 2010 年产量最大的钢材产品合格率为 95% 以上。这说明现在钢铁企业产量最大的钢材产品合格率还很不理想，究其原因，主要有以下两个方面原因。

（1）质量成本经济型的问题。钢铁企业的产品如果合格率定的偏低，没有发挥设备的加工能力，结果就会浪费企业的人力、财力和物力，同时会引起企业下游客户的不满，由质量引发的一系列赔偿问题必然也会从另外一方面增加企业成本，不利于企业的长远发展。但是如果企业产品合格率定得很高，由于预防成本和鉴别成本等费用的增加，致使产品质量成本增高，而80% ~ 89.9%应该就是钢铁企业长期实践中基于顾客满意、考虑质量成本经济性而形成的产品合格率区间。

（2）我国钢铁企业总体工序水平不高。绝大部分钢铁企业的2010年产量最大的钢材产品合格率不高，也在一定程度上反映出我国钢铁企业总体工序水平还有待提高，尤其是中小型钢铁企业，工序水平还偏低，钢铁产品的质量还不高。

在调查的30家有一半的钢铁企业2010年钢材综合成材率为90% ~ 94.9%，这个数字还是比较欣慰的。成材率是影响冶金工业成本的最大因素，约占生产成本85% ~90%，成材率可以综合反映钢铁工业的技术装备水平和科学管理水平。提高钢材生产成材率，可以降低钢材的生产成本，可以在基本上不增加生产规模、不增加劳动定员、不增加物料消耗的条件下，提高已有设备的生产能力，节约投资，而且对全社会而言也可以减少能源、资源的浪费。但是同时也看到，综合成材率在90%以下的有10家，占调查企业总数的33.3%，1/3的钢铁企业的综合成材率还有待进一步提高。可以设想，如果我国有1/3的钢铁企业的钢材综合成材率由90%提高到95%，将会节省大量资源。

"贵企业2010年等级品产值率"是指优等品和一等品占企业钢铁销售收入的比例。2010年等级产品产值率90%以下的钢铁企业占了50%，该数据也同样说明了我国钢铁企业产品质量水平有待进一步提高，尤其要在加大优等品的产量方面提高。

2010年，钢铁企业下游客户服务满意率普遍水平并不高，服务满意率在95%以下的有17家，占所调查的钢铁企业的56.7%，服务质量也是一个重要指标，不能仅仅关注产品质量，这点希望引起钢铁企业的重视。

表6 - 1　　　　　　　　钢铁企业产品和服务质量指标频数频率统计表

指标	分类	频数	百分比
1. 贵企业2010年产量最大的钢材产品合格率	95%以上	2	6.6%
	90% ~94.9%	6	20.0%
	80% ~89.9%	20	66.7%
	80%以下	2	6.7%
总数		30	100%

续表

指标	分类	频数	百分比
2. 贵企业 2010 年的钢材综合成材率	95% 以上	5	16.6%
	90% ~ 94.9%	15	50.0%
	80% ~ 89.9%	5	16.7%
	80% 以下	5	16.7%
总数		30	100%
3. 贵企业 2010 年等级品产值率	95% 以上	9	30.0%
	90% ~ 94.9%	6	20.0%
	80% ~ 89.9%	11	36.7%
	80% 以下	4	13.3%
总数		30	100%
4. 贵企业 2010 年下游客户服务满意率	98% 以上	2	6.7%
	95% ~ 97.9%	11	36.7%
	95% 以下	17	56.6%
总数		30	100%

除了进行频数、频率统计，还对这四个质量指标进行了极差、均值、标准差和方差的计算，见表 6－2，其目的在于统计现有钢铁企业的这些指标的平均水平，离散程度和同一指标中做得最好的钢铁企业和最差的钢铁企业的差距。

表 6－2   钢铁企业质量指标描述性统计表

指标	极差	均值	标准差	方差
1. 贵企业 2010 年产量最大的钢材产品合格率	2	4.8	0.423	0.182
2. 贵企业 2010 年的钢材综合成材率	2	4.17	0.559	0.309
3. 贵企业 2010 年等级品产值率	5	4.23	1.003	1.068
4. 贵企业 2010 年下游客户服务满意率	3	3.67	0.711	0.506

总体来讲，钢材产品合格率和钢材综合成材率方面，30 家钢铁企业的差距还不是很大，但是对于等极品产值率，30 家钢铁企业就出现了很大的差距。

从极差方面看，做得最好的钢铁企业的等级品产值率和做得最差的钢铁企业差出了四个划分区域：100%；98% ~ 99.9%；95% ~ 97.9%；90% ~ 94.9%；80% ~ 89.9%；80%以下，有四家企业选择了100%，有一家钢铁企业选择了80%以下，说明了钢铁企业就等级品生产方面还是优劣差距很大，在等级品生产方面欠缺的企业还有很大的提升空间。钢铁企业下游顾客服务满意度还普遍偏低，需要进一步改进提高。

2. 企业基本情况

本次调查的 30 家钢铁企业其中国有企业 23 家，民营企业 7 家；企业利润100 万元以下的 24 家，100 万元以上的 6 家。具体统计情况见表 6 - 3。

表 6 - 3　　　　　　　　钢铁企业基本情况频数频率统计表

指标	分类	频数	百分比
1. 企业利润	10 万 ~ 20 万元（含 20 万元）	11	36.7%
	20 万 ~ 50 万元（含 50 万元）	6	20.0%
	50 万 ~ 100 万元（含 100 万元）	7	23.3%
	100 万 ~ 150 万元（含 150 万元）	3	10.0%
	150 万元以上	3	10.0%
总数		30	100%
2. 企业规模	10000 ~ 20000 人（含 20000 人）	5	16.7%
	20000 ~ 50000 人（含 50000 人）	9	30.0%
	50000 ~ 100000 人（含 100000 人）	12	40.0%
	100000 人以上	4	13.3%
总数		30	100%
3. 企业性质	民企	7	23.3%
	国企	23	76.7%
总数		30	100%
4. 组织结构	混合式	7	23.3%
	其他	4	13.3%
	职能层级	19	63.3%
总数		30	100%

指标	分类	频数	百分比
5. 总部至主体生产厂生产线的层级数	3	5	16.7%
	4	14	46.7%
	5	11	36.7%
总数		30	100%
6. 信息化程度	低	3	10.0%
	中	10	33.3%
	高	17	56.7%
总数		30	100%

在调查的 30 家钢铁企业中，绝大部分钢铁企业（63.3%）的组织结构是职能层级制，职能制结构起源于 20 世纪初法约尔在其经营的煤矿公司担任总经理时所建立的组织结构形式，故又称"法约尔模型"。它是按职能来组织部门分工，即从企业高层到基层，均把承担相同职能的管理业务及其人员组合在一起，设置相应的管理部门和管理职务。其主要特点是企业管理权力高度集中。由于各个职能部门和人员都只负责某一个方面的职能工作，唯有最高领导层才能纵观企业全局，所以，企业生产经营的决策权必然集中于最高领导层上。这种组织结构的优点是岗位职责容易明确规定，有利于强化专业管理，提高工作效率，便于最高领导层对整个企业实施控制。但是这种组织结构也有很多不足，职能部门之间的横向协调比较困难；整个组织系统不能对外部环境的变化及时作出反应，适应性差；不利于培养全面的管理人才；企业领导负担重。

有 7 家钢铁企业的组织结构是混合式，混合型组织结构是指将两种或三种组织结构结合起来设置分部而形成的组织结构，往往能克服单一组织结构的弊端。不同的企业文化、企业规模、企业历史长短会有不同适宜的组织机构，不能绝对性地说哪种结构不好，笔者认为混合型组织结构是未来的一个发展方向，也很推荐事业部的组织结构，事业部结构是通用汽车公司在 20 世纪 20 年代首创的。它是指大型公司按产品的类型、地区、经营部门或顾客类别设计建立若干自主经营的单位或事业部。这种组织结构的优点是：决策机构专业有力，提高了企业管理的灵活性与适应性，有利于多元化经营，提高企业竞争力，事业部主动灵活；缺点是：成本高，难以控制，易产生内耗，集权分权关系明显。

在所调查的 30 家钢铁企业中，有 11 家钢铁企业总部至主体生产厂生产线的层级数为 5，在企业扁平化越来越普及的年代，36.7% 的钢铁企业显然还没有摒弃传统的金字塔的企业管理模式，企业扁平化管理是一种富有弹性的管理模式，指通过减少管理层次、压缩职能部门和机构、裁减人员，使企业的决策层和操作层之间的中间管理层级尽可能减少，以便使企业快速地将决策权延至企业生产、营销的最前线，从而为企业提高效率。它摒弃了传统的金字塔状的企业管理模式的诸多难以解决的问题和矛盾。这些钢铁企业还有待改进。

从表 6-3 还可以看出，钢铁企业的信息化程度还是比较令人满意的，调查问卷从财务电算化、办公自动化、采购生产自动化、公司网站四个方面来评价钢铁企业的信息化程度，绝大部分钢铁企业拥有自己的公司网站，实现了采购生产自动化和财务电算化。

同样也统计了被调查的 30 家钢铁企业的企业基本情况数据的均值、极差、标准差和方差。从表 6-4 中可以看出，所调查的钢铁企业虽然均值较高，但是确实也有少数的钢铁企业仅仅有自己的一个网站，其他过程都没有实现自动化和信息化，信息化水平偏低，甚至有一家钢铁企业都没有建立自己公司的网站，这种现象主要是在民营企业中，说明我国民营钢铁企业的信息化程度还比较低。

表 6-4　　　　　　　钢铁企业基本情况指标描述性统计表

指标	极差	均值	标准差	方差
1. 企业利润	6	3.57	1.376	1.892
2. 企业规模	3	6.50	0.080	0.064
3. 企业性质	1	0.77	0.358	0.128
4. 组织结构	4	6.93	1.39	1.873
5. 总部至主体生产厂生产线的层级数	2	4.20	0.587	0.344
6. 信息化程度	4	6.93	1.209	1.461

3. 钢铁企业供应链协同产品设计与开发过程

钢铁企业供应链协同产品设计与开发过程中，从订单反应速度和研发部门与企业内部其他部门，供应链成员企业之间的交流进行统计分析。从表 6-5 中看出，现在钢铁企业订单平均反应速度还很慢，这里的订单平均反应速度是指从接到订单到可以正式生产的时间，96.7%的钢铁企业都在10天以上，还有待提高订单处理速度。而钢铁企业研发部与企业内其他部门，如采购部、生产部、销售部的交流情况也不是十分乐观，在所调查的30家钢铁企业中，仅有5家（16.7%）能达到每周研发部与企业其他部门进行交流。研发部门与企业其他部门的交流是十分必要的，可以更明确在生产、销售环节本企业产品都出现了哪些问题，及时在新产品设计开发时候予以改进。30家钢铁企业有10家，也就是1/3在这方面做得不够好，要以季度为单位衡量交流次数，这样的交流频率偏低。钢铁企业研发部门与钢铁企业所在供应链其他成员企业之间的交流情况也不是很理想。在产品设计与开发过程中，有10%的钢铁企业的供应商是不参与设计开发过程的。多于一半的钢铁企业的供应商也只参加小部分设计开发过程。20%的钢铁企业的分销商是完全不参与设计开发过程的，只有30%的分销商参与大部分设计开发过程。顾客作为产品的最终使用者，理论上讲，"顾客的声音"是最重要的，然而依旧有1/3的被调查钢铁企业的最终用户只参与小部分设计开发工作。大多数学者通过研究认为制造商应该在设计阶段就让供应商参与进来，从产品开发过程的始端一直持续到新产品的商业化。供应商参与使制造商缩短了产品开发时间、降低了开发成本、提高了产品质量，对产品开发绩效有积极影响。显然我国钢铁企业在这方面还有待提高。

同样，对钢铁企业供应链协同产品设计与开发指标进行极差、均值、标准差等描述性统计（见表6-6），可以看出，钢铁企业研发部门在与企业内部其他部门进行交流的水平差异较大，建议企业应该建立明确的规章制度要求研发部门至少每月与企业其他部门进行工作交流。同样，我国钢铁企业普遍存在的不足是：没有让供应商、分销商、最终用户参与从产品开发过程的始端一直持续到新产品商业化的整个过程。

表6-5　　　钢铁企业供应链协同产品设计与开发指标频数频率统计表

指标	分类	频数	百分比
1. 订单平均反应速度	10天以内	1	3.3%
	10天以上	29	96.7%
总数		30	100%

续表

指标	分类	频数	百分比
2. 贵企业是否有明确的规章制度要求研发部门定期要与其他部门进行交流？多久交流一次？	每周至少 1 次	5	16.7%
	每月至少 1 次	15	50.0%
	每季度至少 1 次	9	30.0%
	没有，但是研发部门会自发组织与其他部门交流	1	3.3%
总数		30	100%
2.1 贵企业在设计和开发新产品时与供应商交流情况	参与整个设计开发过程	0	0
	参与大部分设计开发过程	11	36.7%
	参与小部分设计开发过程	16	53.3%
	不参与设计开发过程	3	10%
总数		30	100%
2.2 贵企业在设计和开发新产品时与分销商交流情况	参与整个设计开发过程	0	0
	参与大部分设计开发过程	9	30.0%
	参与小部分设计开发过程	15	50.0%
	不参与设计开发过程	6	20.0%
总数		30	100%
2.3 贵企业在设计和开发新产品时与最终用户交流情况	参与整个设计开发过程	0	0
	参与大部分设计开发过程	20	66.7%
	参与小部分设计开发过程	10	33.3%
	不参与设计开发过程	0	0
总数		30	100%

表 6-6 钢铁企业供应链协同产品设计与开发指标描述性统计表

指标	极差	均值	标准差	方差
1. 订单平均反应速度	3	5.10	0.193	0.0373
2. 贵企业是否有明确的规章制度要求研发部门定期要与其他部门进行交流？多久交流一次？	6	5.60	1.20	1.44
2.1 贵企业在设计和开发新产品时与供应商交流情况	4	4.53	1.076	1.157
2.2 贵企业在设计和开发新产品时与分销商交流情况	4	4.2	1.08	1.166
2.3 贵企业在设计和开发新产品时与用户交流情况	2	5.33	0.089	0.790

4. 钢铁企业供应链协同采购过程

在钢铁企业供应链协同采购过程，本书主要考虑了钢铁企业大宗用料的采购情况，如 2010 年煤炭抽样合格率和铁矿石合格率，从表 6 - 7 可以看出，36.7% 的钢铁企业煤炭抽样合格率不足 95%。而铁矿石的抽样合格率则更低，所调查的 30 家钢铁企业有 50% 的铁矿石抽样合格率不足 95%。原材料的合格率低必然会在一定程度上影响最终产品的质量，原材料质量不高的情况 2010 年愈发严重。上半年我国进口铁矿石价涨质降，上半年平均到岸价 111.5 美元/吨，与上年同比增加 35.6 美元/吨，上涨 46.9%，其中 6 月高达 139.85 美元/吨，比上年同期增加 71.72 美元/吨，上涨 105.3%。但是，在铁矿石进口价格大幅上涨的同时，其品位却越来越低、质量越来越差。据国家商检局检验结果，2009 年进口铁矿石质量合格率只有 51%，2010 年上半年进口铁矿石的质量则更差。我国炼钢生产主要靠铁水，铁钢比一直在 0.96 以上，因此短期内钢铁生产原料还要依靠铁矿石。

在这种情况下，要结合我国具体情况研究确立高质量铁矿石供应的保障体系。如完善废钢回收体系；加速国内铁矿开发，确保国产矿占 40% 以上；力争使我国海外权益矿比例有较大提高；研究对国外三大铁矿石供应商的反制措施，争取公平贸易的权益。在所调查的 30 家钢铁企业中，有近一半的钢铁企业（46.7%）按时收到采购品的比例偏低，仅有 65% ~ 85%，说明近一半钢铁企业的供应链采购环节管理不够理想，应该找出原因予以改进。从表 6 - 7 中还可以发现有 36.7% 的被调查钢铁企业 2010 年铁矿石和煤炭等大宗用料供应商总数大于 70 个，供应商过多会加重管理的难度，太多的供应商，信息水平差异、企业文化不同等也不利于企业开展与供应商进行信息共享，这点也在统计数据中得到了证实。60% 的被调查钢铁企业与供应商信息共享程度低，仅有一家被调查钢铁企业与供应商信息共享程度达到较高的水平，调查问卷中是通过 4 个选项来衡量企业与供应商信息共享程度的：基本不共享、企业订货量共享、企业原燃料库存共享、企业生产过程共享。基本没有钢铁企业不共享信息，主要是订货量共享，其他很少共享，即使某些企业选择了生产过程共享，笔者也咨询了问卷填写者，并不是生产过程全部共享，只是部分共享，如生产特点、性能指标。企业之间信息共享是现实中一个较难解决的问题，虽然有很多学术界的供应链管理研究学者作了很多理论研究，但是在实际实施过程中，阻力很大。相信未来需要学术界和企业界共同的努力实现。

同样，对钢铁企业供应链协同采购指标进行极差、均值、标准差等描述性统计（见表6-8），可以看出，钢铁企业采购的煤炭和铁矿石合格率水平差异较大，从问卷数据来看，大型的钢铁企业的大宗原材料的合格率比较高，而小型的钢铁企业的大宗原材料的合格率较低，除了先进的生产工艺、设备和管理理念，应该说这也是小型钢铁企业未来提高产品质量的瓶颈之一。另外从表6-7中可以看出，钢铁企业2010年结束合作的主要供应商个数差距也很大，有的钢铁企业虽然供应商总数大于100个，但是结束的主要供应商个数为0，说明合作质量高，但是也有一些企业供应商流失率较高，这说明供应链管理还是存在问题，需要针对本企业具体情况分析供应商流失率高的原因。

现在我国钢铁与供应商联合库存程度还很低，绝大部分钢铁企业（73.3%）未实施联合库存管理。联合库存管理减少物流环节、降低物流成本，可使供应链库存层次简化和运输路线得到优化。供应商的库存直接存放在核心企业的仓库中，不但保障核心企业原材料、零部件供应、取用方便，而且核心企业可以统一调度、统一管理、统一进行库存控制，为核心企业快速高效地生产运作提供了强有力的保障条件，应大力推广。

表6-7　　　　钢铁企业供应链协同产品采购指标频数频率统计表

指标	分类	频数	百分比
1. 贵企业2010年煤炭抽样合格率	≥98%	8	26.6%
	95%~97.9%	11	36.7%
	<95%	11	36.7%
总数		30	100%
2. 贵企业2010年铁矿石合格率	≥98%	8	26.7%
	95%~97.9%	7	23.3%
	<95%	15	50.0%
总数		30	100%
3. 贵企业采购物品是否能按时收到的比例约	65%~85%	14	46.7%
	85%~95%	16	53.3%
总数		30	100%
4. 贵企业2010年年末原材料库存总额	≥5亿元	20	66.7%
	<5亿元	10	33.3%
总数		30	100%

指标	分类	频数	百分比
5. 贵企业 2010 年铁矿石和煤炭等大宗用料供应商总数	<30 个	12	40.0%
	30~70 个	7	23.3%
	>70 个	11	36.7%
总数		30	100%
6. 贵企业 2010 年结束合作的主要供应商个数	≤3 个	17	56.7%
	>3 个	13	43.3%
总数		30	100%
7. 贵企业与主要供应商的产品信息共享程度	低	18	60.0%
	中	11	36.7%
	高	1	3.3%
总数		30	100.0%
8. 贵企业与供应商的联合库存程度	未实施联合库存	22	73.3%
	实施小部分供应商联合库存	8	26.7%
	实施大部分供应商联合库存	0	0
	全部实施供应商联合库存	0	0
总数		30	100%

表 6 - 8　　　　　　　　钢铁企业供应链协同采购指标描述性统计表

指标	极差	均值	标准差	方差
1. 贵企业 2010 年煤炭抽样合格率	4	3.13	0.969	0.939
2. 贵企业 2010 年铁矿石合格率	4	3.37	1.1	1.21
3. 贵企业采购物品是否能按时收到的比例	2	5.07	0.996	0.991
4. 贵企业 2010 年末原材料库存总额	7	5.80	1.27	1.538
5. 贵企业 2010 年铁矿石和煤炭等大宗用料供应商总数	5	3.40	1.373	1.886
6. 贵企业 2010 年结束合作的主要供应商个数	8	2.867	1.04	1.08
7. 贵企业与主要供应商的产品信息共享程度	4	2.87	1.04	1.08
8. 贵企业与供应商的联合库存程度	2	0.26	0.943	0.809

5. 钢铁企业供应链协同制造过程

在所调查的 30 家钢铁企业中表 6 - 9，业务外包比例在 30% 以下的企业有

17 家，占 56.7%；业务外包比例在 30% 以上的企业有 13 家，占 43.3%。有近一半的被调查钢铁企业业务外包比例为 30%，那么其产品质量就很难保证。企业应尽量降低业务外包，如果无法避免，那么也要选取工艺水平、设备水平都较高的企业进行外包，并尽量安排本企业工作人员进行监督。现在钢铁企业外包比例较高也跟钢铁产品供不应求有关，可以从表 6 – 9 中看出，60% 的钢铁企业满足下游需求的比例不足 90%。同时，我国钢铁企业联合库存策略实施程度普遍很低。

表 6 – 9　　　　　钢铁企业供应链协同产品制造指标频数频率统计表

指标	分类	频数	百分比
1. 贵企业业务外包比例	≤30%	17	56.7%
	>30%	13	43.3%
总数		30	100%
2. 贵企业 2010 年是否有供不应求的产品，该产品满足本企业的下游企业的需求量的比例	≤70%	6	20.0%
	70% ~89%	12	40.0%
	>90%	12	40.0%
总数		30	100%

同样，对钢铁企业供应链协同制造指标进行极差、均值、标准差等描述性统计，从表 6 – 10 可以看出，所调查的 30 家钢铁企业，企业外包比例和满足下游需求量的比例差异都比较大。

表 6 – 10　　　　　钢铁企业供应链协同制造指标描述性统计表

指标	极差	均值	标准差	方差
1. 贵企业业务外包比例	5	5.96	1.762	3.105
2. 贵企业 2010 年是否有供不应求的产品，该产品满足本企业的下游企业的需求量的比例	5	4.4	1.28	1.638

6. 钢铁企业供应链协同销售过程

本书对钢铁销售部门与供应商的联系情况，与研发部门、采购部门和生产部门的联系情况进行了统计。见表 6 – 11，大多数钢铁企业销售部门与研发部门、生产部门每周或每天都要进行联系，与采购部门联系相对较少。在所调查的 30 家钢铁企业中，与主要下游企业或经销商平均合作时间在 10 年以上的仅有 12 家，占调查企业总数的 40%，我们所调查的钢铁企业至少有 60% 是有 30 年以上的历史，但是可以看到大部分钢铁企业与主要下游企业或者经销商平均合作时间不足 10 年，当然这不一定是钢铁企业的问题，有可能是分销商管理出现问题导致结束合作，但是至少也说明了钢铁企业没有选择好长期合作的分销商。

表 6 - 11　　　　　　钢铁企业供应链协同销售指标频数频率统计表

指标	分类	频数	百分比
1.1　贵企业销售部门与研发部多久联系一次？	不定期	2	6.7%
	月 ~ 季度	9	30.0%
	天 ~ 周	19	63.3%
总数		30	100%
1.2　贵企业销售部门与采购部多久联系一次？	不定期	2	6.7%
	月 ~ 季度	16	53.3%
	天 ~ 周	12	40.0%
总数		30	100%
1.3　贵企业销售部门与生产部多久联系一次？	不定期	0	0.0%
	月 ~ 季度	5	16.7%
	天 ~ 周	25	83.3%
总数		30	100%
2. 到目前为止，贵企业与主要下游企业或经销商平均合作时间	≤10 年	18	60.0%
	>10 年	12	40.0%
总数		30	100%
3.1　如出现以下问题需要退货，一般多久可以解决？（1）产品类型或者规格与订单不符	≤10 天	4	13.3%
	11 ~ 30 天	19	63.3%
	>1 个月	7	23.4%
总数		30	100%
3.2　如出现以下问题需要退货，一般多久可以解决？（2）产品经检验生产质量不合格	≤10 天	4	13.3%
	11 ~ 30 天	19	63.3%
	>1 个月	7	23.4%
总数		30	100%

续表

指标	分类	频数	百分比
3.3　如出现以下问题需要退货，一般多久可以解决？（3）产品出现破损等情况	≤10 天	0	0.0%
	11~30 天	23	76.7%
	>1 个月	7	23.3%
总数		30	100%
4.　贵企业 2010 年分销商个数	≤50 个	8	26.7%
	51~100 个	18	60.0%
	>100 个	4	13.3%
总数		30	100%
5.1　贵企业 2010 年新增的分销商个数	0 个	5	16.7%
	1~10 个	20	66.6%
	>10 个	5	16.7%
总数		30	100%
5.2　贵企业 2010 年结束合作的分销商个数	0 个	4	13.3%
	1~10 个	9	30.0%
	>10 个	17	56.7%
总数		30	100%

　　钢铁企业产品一旦出现问题有退货情况发生，绝大部分钢铁企业可以在一个月之内解决问题，也有做得优秀的钢铁企业可以在 10 天内解决问题，供应链最终产品出现质量问题后，能否协同分销商、供应商快速解决，是衡量一个供应链质量管理水平的重要标准之一。从表 6-11 中看到大部分钢铁企业与主要下游企业或者经销商平均合作时间不足 10 年，也就说明分销商的流失率和新增率都比较大，表 6-11 中数据也证实了这点，首先被调查的 30 家钢铁企业分销商在 50 个以上的占 73.3%，分销商的流失率也很高，56.7% 的被调查企业的 2010 年分销商流失个数超过 10 个。分销商为何流失率较高？结束的合作原因是什么？调查问卷也在后续内容中做了相应的分析。

　　同样，对钢铁企业供应链协同销售指标进行极差、均值、标准差等描述性统计（见表 6-12），可以看出，所调查的 30 家钢铁企业，企业销售部门与研发部门的交流频率，销售部门与采购部门的交流频率差异比较大。做得好的钢铁企业每天进行交流，而不好的可能一季度不会直接交流一次，所以应该从企业制度上进行规范，也应该培养各部门负责人供应链质量管理的思想。另外从表 6 – 11 中可以看出，钢铁企业 2010 年结束合作的主要分销商个数差距也很大，有的钢铁企业虽然分销商总数大于 100 个，但是结束的主要分销商个数为 0，说明合作愉快，但是也有一些企业分销商流失率较高，这说明供应链管理还是存在问题，需要针对本企业具体情况分析分销商流失率高的原因。

表 6 – 12　　　　　　　　钢铁企业供应链协同制造指标描述性统计表

指标	极差	均值	标准差	方差
1.1　贵企业销售部门与研发部多久联系一次？	8	4.13	1.898	3.602
1.2　贵企业销售部门与采购部多久联系一次？	8	3.6	1.92	3.69
1.3　贵企业销售部门与生产部多久联系一次？	5	6.57	1.816	3.296
2.　截至目前，贵企业与主要下游企业或经销商平均合作时间	4	6.53	1.173	1.762
3.1　如出现以下问题需要退货，一般多久可以解决？ （1）产品类型或者规格与订单不符	3	5.33	0.756	0.571
3.2　如出现以下问题需要退货，一般多久可以解决？ （2）产品经检验生产质量不合格	4	4.867	0.787	0.619
3.3　如出现以下问题需要退货，一般多久可以解决？ （3）产品出现破损等情况	3	5	0.667	0.444
4.　贵企业 2010 年分销商个数	7	2.93	1.324	1.754
5.1　贵企业 2010 年新增的分销商个数	8	2.36	1.7	2.89
5.2　贵企业 2010 年结束合作的分销商个数	8	4.53	2.129	4.532

在 6.2.1 节"调查问卷设计"中提到，除供应链质量管理影响因素外，问卷中还专门增加了三个问题，其设计目的是为了发现现在钢铁企业供应链质量管理存在哪些问题，以及管理人员计划未来在哪些方面加强供应链质量管理。下面对这三个问题的回答情况进行分析。

（1）贵企业过去采购产品出现质量问题的主要原因。在所调查的 30 家钢铁企业中，如图 6 – 3 所示，有 12 家选择了供应商提供产品与合同不符，有 20 家选择了供应商提供的产品质量本身出现问题，有 8 家钢铁企业选择了采购部门人员责任问题，3 家钢铁企业选择了采购程序中存在的问题，8 家选择了因采购过程中的信息共享不足所带来的问题。可见，在我国钢铁企业采购环节，最主要的问题是供应商的问题，但是这也反映出我国钢铁企业在以其为核心企业的供应链中，对供应商的管理能力较弱，供应商提供产品出现质量问题，这就为未来的供应链产品质量埋下了隐患，供应商管理作为供应链管理的一项重要内容，对于此方面的加强和探索应引起钢铁企业的高度重视。在被调查的 30 家钢铁企业中，8 家出现因采购部门人员本身问题导致采购环节出现问题，这个比例也是相当高了，是完全可以通过规章制度、通过加强管理和培训可以避免的。

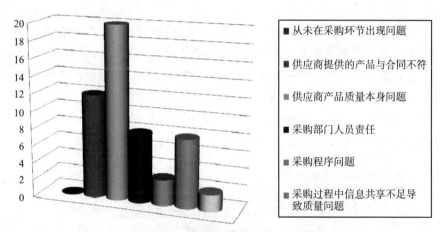

图 6-3　钢铁企业采购产品出现质量问题的原因统计情况

（2）与分销商结束合作的主要原因。在企业运营过程中，分销商是动态的，会有一些原因使原有分销商结束合作关系，对结束合作的主要原因也作了统计分析。

由图 6-4 可以看出，钢铁企业与分销商结束合作的主要原因有：分销商业绩不好，此分销商企业提出结束合作，本企业因销售策略调整不再需要此分销商。除第三个原因，前面最主要的两个原因依旧是反映出钢铁企业在对分销商进行管理时绩效不高，没有选择足够好的分销商，或者分销商与该企业合作出现问题提出结束合作。

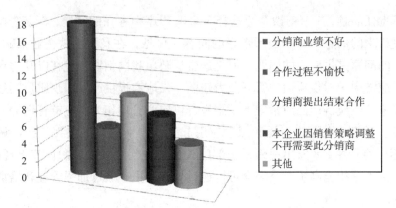

图 6 - 4　钢铁企业与分销商结束合作的原因统计情况

（3）供应链质量管理措施重要度排序。在调查问卷中，共列出 8 个选项，让钢铁企业选择将来贵企业计划采取哪些措施加强供应链管理以提高产品和服务质量，并对选择的措施按照重要性排序，如认为引进供应链管理人才很重要，在括号标注（1）。对此题答案的统计方法如下，如果某项被标注 1，说明重要度很高，那么赋值为 8，如果某项被标注 3，那么赋值为 6，如果某项被标注 8，那么赋值为 1，如果该项没有被标注，赋值为 0。统计情况如图 6 - 5 所示。

题项（总分）	得分情况
1（119）	8 6 8 0 0 4 3 1 3 6 6 6 7 3 7 0 3 4 8 4 3 1 3 6 6 6 0 0 4 3
2（103）	0 2 0 3 4 3 6 5 6 0 4 3 0 2 0 5 4 6 5 3 6 5 6 0 4 3 6 4 3 2
3（131）	0 4 5 5 5 7 1 6 5 0 7 7 0 4 5 6 5 1 0 7 1 6 5 4 7 7 5 5 7 4
4（176）	0 8 7 4 6 8 8 4 4 0 8 8 5 8 8 4 7 8 0 8 8 4 4 5 8 8 4 6 8 8
5（30）	0 1 4 0 0 1 2 3 0 0 0 1 0 1 4 0 1 2 0 1 2 2 2 0 0 1 0 0 1 1
6（74）	0 5 0 0 0 5 4 8 0 0 0 5 0 5 0 0 2 3 4 5 4 8 1 0 0 5 0 0 5 5
7（179）	7 7 3 8 8 2 7 7 8 7 5 2 8 7 3 7 6 7 7 2 7 7 8 7 5 2 8 8 2 7
8（174）	6 3 6 7 7 6 5 2 7 8 3 4 6 6 6 8 8 5 6 6 5 6 7 8 3 4 7 7 6 6

图 6 - 5　供应链质量管理采取的措施重要度统计

从总分排序来看，钢铁企业认为未来对供应链质量管理采取的措施重要度依次为：制定物流操作环节的规范、物流质量的标准和要求、质量审核的指标体系，并告知物流商，确保物流质量；遇到质量问题与主要供应商和分销商协同解决，并制订相应的解决问题方案，明确供应商和分销商的职责；加强对供应商和外协厂家的选择和质量协同管理，对供应商的采购、生产、物流、设计、项目管理等方面设立了相关的标准，按照该标准选择优秀供应商；邀请供应商、分销商协同开发新产品或改进现有产品；建立专门的负责供应链管理的部门；开发适应本企业的供应链质量管理软件；加强与主要供应商建立信息共享程度；派质量检验人员到供应商企业进行监督。说明现在钢铁企业物流管理存在规范化的需要；遇到质量问题，还不能与供应商、分销商很好地共同解决，对供应商管理需要加强，与供应链成员企业协同程度还不够，同时还应注意，大部分钢铁企业认为与供应商建立信息共享不太可行，派质量检验人员到供应商企业进行监督也不可行。

6.3.3　基于 Fisher 确切概率法的供应链质量管理影响因素分析

本书选取 Fisher 确切概率法对供应链质量管理影响因素进行分析。该方法是由 R. A. Fisher（1934）提出的，直接计算出有利于拒绝 H_0 的概率。其理论依据是超几何分布，并非 χ^2 检验的范畴。Fisher 确切概率法特别适用于以下情况：用四格表假设检验的其他方法所得的概率非常接近检验水准 α；当样本含量小于 40 时；当各格理论频数中有一个特别小（一般小于 5）而不宜计算 χ^2 时。

由以上该方法的适用情况可知，本次调查问卷的数据非常适合用 Fisher 确切概率法分析。首先，本次调查样本为 30 个，样本含量比较小，不足 40 个，另外在合格的频数统计中，经常有小于 5 的频数出现，因此应用此方法对供应链质量管理影响因素进行分析，下面对该方法的原理作一简要介绍。

1. 问题的提出

例：某大学某专业有两个班级，一班有 25 人，在今年的四级英语考试中通过了 23 人；二班有 35 人，在今年的四级英语考试中通过了 30 人。这两个班级学生的英语能力有无区别？

设一班的英语通过率为 P_1

$$X = \begin{cases} 1 \\ 0 \end{cases} \quad \begin{array}{l} \text{表示一班学生通过四级考试，概率为 } P_1 \\ \text{表示一班学生未通过四级考试，概率为 } 1 - P_1 \end{array}$$

即 X 服从均值为 P_1 的伯努利分布，$X_1, \cdots, X_n$ 为来自总体 X 的样本，

$n = 25$。

同理，设二班的英语通过率为 P_2

$$Y = \begin{Bmatrix} 1 \\ 0 \end{Bmatrix} \quad \begin{matrix} \text{表示二班学生通过四级考试，概率为 } P_2 \\ \text{表示二班学生未通过四级考试，概率为 } 1 - P_2 \end{matrix}$$

即 Y 服从均值为 P_2 的伯努利分布，Y_1，…，Y_m 为来自总体 Y 的样本，$m = 35$。

X 和 Y 相互独立，x_1，…，x_n，y_1，…，y_m 是对应的观察值。原假设为 H_0：$P_1 = P_2$。

2. 检验统计量所服从的分布

统计量 $S_1 = \sum\limits_i X_i$ 在 $t = \sum\limits_i X_i + \sum\limits_j Y_j$ 已经固定的情况下是条件概率，即

$$P(S_1 = i \mid S_1 + S_2 = t) = \frac{P(S_1 = i, \ S_1 + S_2 = t)}{P(S_1 + S_2 = t)}$$

而 $P(S_1 = i, \ S_1 + S_2 = t)$

$= P(S_1 = i, \ S_2 = t - i)$

$= P(S_1 = i)P(S_2 = t - i)$ （X 和 Y 相互独立）

$= c_n^i p_1^i (1 - p_1)^{n-i} c^{t-i} p_2^{t-i} (1 - p_2)^{m-t+i}$ （根据伯努利分布的定义）

根据伯努利分布，原假设成立时有

$$P(S_1 + S_2 = t) = c_{n+m}^t p_1^t (1 - p_1)^{m-t}$$

因此

$$P(S_1 = i \mid S_1 + S_2 = t) = \frac{c_n^i c_m^{t-i} p_1^t (1 - p_1)^{n+m-t}}{c_{n+m}^t p_1^t (1 - p_1)^{m-t}} = \frac{c_n^i c_m^{t-i}}{c_{n+m}^t}$$

由此可知，检验统计量服从超几何分布，且 S_1 的取值满足 $S_1 \geq 0$，$S_1 \geq t - m$，$s_1 \leq n$，$s_1 \leq t$，因此它的取值范围为：$[\max(t - m, 0), \ \max(t - m, 0) + 1, \ \cdots, \ \min(n, t)]$。

3. 拒绝域的确定

根据连续型的情形，对于已经给定的检验水平 α，需要找到整数 c_1 和 c_2，使 $P(S_1 \leq c_1 \mid S_1 + S_2 = t) = \frac{\alpha}{2}$，$P(S_1 \geq c_2 \mid S_1 + S_2 = t) = \frac{\alpha}{2}$，可以确定拒绝域为 $[\max(t - m, 0), \ c_1] \cup [c_2, \ \min(n, t)]$，由于检验统计量是离散的，这样 c_1 可能不存在，所以需要寻找 d_1 和 d_2，满足

$$P(S_1 \leq d_1 \mid S_1 + S_2 = t) \leq \frac{\alpha}{2}$$

$$P(S_1 \geqslant d_2 \,|\, S_1 + S_2 = t) \leqslant \frac{\alpha}{2}$$

这样 d_1 和 d_2 一定存在，但是不一定是唯一的，所以选择满足 $P(S_1 \leqslant d_1 \,|\, S_1 + S_2 = t) \leqslant \frac{\alpha}{2}$ 的最大正整数 e_1，满足 $P(S_1 \geqslant d_2 \,|\, S_1 + S_2 = t) \leqslant \frac{\alpha}{2}$ 的最小正整数 e_2，确定拒绝域 $\{S_1 \leqslant e_2 \cup S_1 \geqslant e_2\}$。

但是 e_1 和 e_2 计算很麻烦，可进行以下转换

$P(S_1 = i \,|\, S_1 + S_2 = t)$ 记为 $P(i)$，

则 $P(S_1 \leqslant e_1 \,|\, S_1 + S_2 = t) = \sum_{i=0}^{e_1} P(i) \leqslant \frac{\alpha}{2}$

$$P(S_1 \geqslant e_2 \,|\, S_1 + S_2 = t) = \sum_{i=e_2}^{n} P(i) \leqslant \frac{\alpha}{2}$$

而 $S_1 \leqslant e_1 \Leftrightarrow \sum_{i=0}^{s_1} P(i) \leqslant \frac{\alpha}{2}$，而 $S_1 \geqslant e_2 \Leftrightarrow \sum_{i=s_1}^{n} P(i) \leqslant \frac{\alpha}{2}$，因此拒绝域转换

为：$\min\left(\sum_{i=0}^{s_1} P(i), \sum_{i=s_1}^{n} P(i)\right) \leqslant \frac{\alpha}{2}$，等同于 $2\min\left(\sum_{i=0}^{s_1} P(i), \sum_{i=s_1}^{n} P(i)\right) \leqslant \alpha$。

4. 问题的解决

对于前面提到的问题，$n = 25$，$m = 35$，$t = 53$，$P(i) = \frac{c_{25}^i c_{35}^{t-i}}{c_{60}^{53}}$ 代入公式

$2\min\left(\sum_{i \geqslant 23} P(i), \sum_{i \leqslant 23} P(i)\right) = 2\min(0.374, 0.878)$，大于 0.05，没有落入拒绝域。所以认为两班学生在英语能力方面没有差异。

影响因素从本书应用 Fisher 确切概率法分别分析钢铁企业基本情况、钢铁企业供应链协同产品设计与开发、钢铁企业供应链协同采购、钢铁企业供应链协同制造和钢铁企业供应链协同设计对 2010 年该企业产量最大的钢材产品合格率、2010 年该企业的钢材综合成材率、2010 年该企业的等级品产值率和下游客户服务满意率的影响。由于篇幅有限，正文中仅列出等级品率的部分影响因素分析过程。

（1）企业基本情况对等级品率影响分析。在企业基本情况的指标中，选取企业规模（用职工人数衡量），研究其与等级品率的关联是否显著。

H_0：企业规模与等级品率关联显著；

H_1：企业规模与等级品率关联不显著（$\alpha = 0.05$）。

分析结果见表 6 - 13 和表 6 - 14。

表6-13   企业规模与等级品率交叉分析表

Count

		等级品产值率						Total
		1.00	2.00	3.00	4.00	5.00	6.00	
职工人数	5.00	0	0	0	3	1	1	5
	6.00	1	0	2	1	2	3	9
	7.00	0	1	5	2	4	0	12
	8.00	0	0	0	0	4	0	4
Total		1	1	7	6	11	4	30

表6-14   企业规模对等级品率影响分析表

	Value	df	Asymp. Sig. (2 – sided)	Exact Sig. (2 – sided)	Exact Sig. (1 – sided)	Point Probability
Pearson Chi – Square	23.192ᵃ	15	.080	.057		
Likelihood Ratio	24.888	15	.051	.051		
Fisher's Exact Test	19.555			.066		
Linear-by – Linear Association	.056ᵇ	1	.812	.877	.440	.060
N of Valid Cases	30					

注：a. 24 cells（100.0%）have expected count less than 5. The minimum expected count is. 13.

b. The standardized statistic is – . 237.

通过分析可知，Fisher's Exact Test 值为19.555，Exact Sig. 为0.066，大于0.05，因此拒绝原假设，接受备择假设，即企业规模与等级品率关联不显著。

（2）钢铁企业供应链协同产品开发与设计对等级品率影响分析。在企业供应链协同产品开发与设计的指标中，选取用户参与设计开发新产品情况，研究其与等级品率的关联是否显著。

H_0：用户参与设计开发新产品程度与等级品率关联显著；

H_1：用户参与设计开发新产品程度与等级品率关联不显著（$\alpha = 0.05$）。

分析结果见表6-15 和表6-16。

表 6 – 15　　　　　用户参与设计开发新产品程度与等级品率交叉分析表

Count

		等级品产值率						Total
		1.00	2.00	3.00	4.00	5.00	6.00	
用户参与设计开发新产品的情况	4.00	1	1	4	3	1	0	10
	6.00	0	0	3	3	10	4	20
Total		1	1	7	6	11	4	30

表 6 – 16　　　　　用户参与设计开发新产品程度对等级品率影响分析表

	Value	df	Asymp. Sig. (2 – sided)	Exact Sig. (2 – sided)	Exact Sig. (1 – sided)	Point Probability
Pearson Chi – Square	11.445[a]	5	.043	.023		
Likelihood Ratio	13.610	5	.018	.024		
Fisher's Exact Test	10.749			.022		
Linear-by – Linear Association	10.238[b]	1	.001	.001	.001	.001
N of Valid Cases	30					

注：a. 11 cells（91.7%）have expected count less than 5. The minimum expected count is.33.
　　b. The standardized statistic is 3.200.

通过分析可知，Fisher's Exact Test 值为 10.749，Exact Sig. 为 0.022，小于 0.05，因此接受原假设，即用户参与设计开发新产品程度与等级品率关联显著。用图则更加直观地显示了这个结论，纵轴为平均参与度，如图 6 – 6 所示，企业在设计和开发新产品时与最终用户参与程度越高，等级品产值率越高。

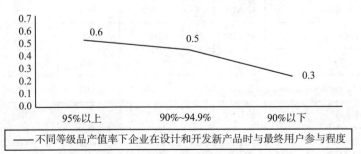

图 6 – 6　设计和开发时最终用户参与程度与等级品产值率关系

（3）钢铁企业供应链协同采购对等级品率影响分析。在企业供应链协同产品开发与设计的指标中，选取煤炭抽样合格率与铁矿石抽样合格率，研究其与等级品率的关联是否显著。

①煤炭抽样合格率。

H_0：煤炭抽样合格率与等级品率关联显著；

H_1：煤炭抽样合格率与等级品率关联不显著（$\alpha = 0.05$）。

分析结果见表 6 – 17 和表 6 – 18。

表 6 – 17 　　　　　　　　煤炭抽样合格率与等级品率交叉分析表

Count

		等级品产值率						Total
		1.00	2.00	3.00	4.00	5.00	6.00	
煤炭抽样合格率	1.00	1	0	3	0	0	0	4
	2.00	0	1	1	0	1	1	4
	3.00	0	0	0	4	7	0	11
	4.00	0	0	3	1	2	0	6
	5.00	0	0	0	1	1	3	5
Total		1	1	7	6	11	4	30

表 6 – 18 　　　　　　　　煤炭抽样合格率对等级品率影响分析表

	Value	df	Asymp. Sig. (2 – sided)	Exact Sig. (2 – sided)	Exact Sig. (1 – sided)	Point Probability
Pearson Chi – Square	41.818[a]	20	.003	.001		
Likelihood Ratio	39.835	20	.005	.001		
Fisher's Exact Test	31.771			.001		
Linear-by – Linear Association	8.143[b]	1	.004	.003	.002	.001
N of Valid Cases	30					

注：a. 30 cells（100.0%）have expected count less than 5. The minimum expected count is. 13.

b. The standardized statistic is 2.854.

通过分析可知，Fisher's Exact Test 值为31.771，Exact Sig. 为0.001，小于0.05，因此接受原假设，即煤炭抽样合格率与等级品率关联显著。图6-7更加直观地显示了煤炭抽样合格率越高，等级品率越高。

②铁矿石抽样合格率。

H_0：铁矿石抽样合格率与等级品率关联显著；

H_1：铁矿石抽样合格率与等级品率关联不显著（$\alpha = 0.05$）。

分析结果见表6-19和表6-20。

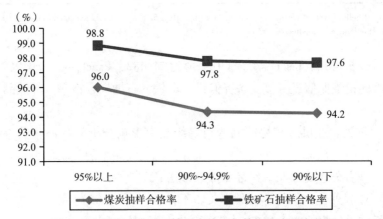

图6-7　煤炭、铁矿石抽样合格率与等级品产值率关系

表6-19　　　　　　　　铁矿石抽样合格率与等级品率交叉分析表

Count

		等级品产值率						Total
		1.00	2.00	3.00	4.00	5.00	6.00	
铁矿石	1.00	0	1	2	0	0	0	3
	2.00	1	0	2	0	1	1	5
合格率	3.00	0	0	0	3	4	0	7
	4.00	0	0	2	2	4	0	8
	5.00	0	0	1	1	2	3	7
Total		1	1	7	6	11	4	30

表 6 – 20 铁矿石抽样合格率对等级品率影响分析表

	Value	df	Asymp. Sig. (2 – sided)	Exact Sig. (2 – sided)	Exact Sig. (1 – sided)	Point Probability
Pearson Chi – Square	32.476[a]	20	.038	.020		
Likelihood Ratio	30.268	20	.066	.057		
Fisher's Exact Test	24.482			.069		
Linear-by – Linear Association	7.169[b]	1	.007	.006	.004	.001
N of Valid Cases	30					

注：a. 30 cells（100.0%）have expected count less than 5. The minimum expected count is. 10.
b. The standardized statistic is 2. 677.

通过分析可知，Fisher's Exact Test 值为 24.482，Exact Sig. 为 0.069，大于 0.05，因此拒绝原假设，接受备择假设，即铁矿石抽样合格率与等级品率关联不显著。

（4）钢铁企业供应链协同制造对等级品率影响分析。在企业供应链协同制造的指标中，选取业务外包比例，研究其与等级品率的关联是否显著。

H_0：业务外包比例与等级品率关联显著；

H_1：业务外包比例与等级品率关联不显著（$\alpha = 0.05$）。

分析结果见表 6 – 21 和表 6 – 22。

表 6 – 21 业务外包比例与等级品率交叉分析表

Count

		等级品产值率						Total
		1.00	2.00	3.00	4.00	5.00	6.00	
业务外包比例	3.00	1	0	1	3	0	0	5
	5.00	0	1	2	1	7	1	12
	8.00	0	0	4	2	4	3	13
Total		1	1	7	6	11	4	30

表 6 – 22 业务外包比例对等级品率影响分析表

	Value	df	Asymp. Sig. (2 – sided)	Exact Sig. (2 – sided)	Exact Sig. (1 – sided)	Point Probability
Pearson Chi – Square	17.326[a]	10	.067	.044		
Likelihood Ratio	17.215	10	.070	.088		

	Value	df	Asymp. Sig. (2 - sided)	Exact Sig. (2 - sided)	Exact Sig. (1 - sided)	Point Probability
Fisher's Exact Test	13. 897			. 082		
Linear-by - Linear Association	2. 170[b]	1	. 141	. 149	. 078	. 011
N of Valid Cases	30					

注：a. 18 cells（100. 0%）have expected count less than 5. The minimum expected count is. 17.

b. The standardized statistic is 1. 473.

通过分析可知，Fisher's Exact Test 值为 13. 897，Exact Sig. 为 0. 082，大于 0. 05，因此拒绝原假设，接受备择假设，即业务外包比例与等级品率关联不显著。

（5）钢铁企业供应链协同销售对等级品率影响分析。在企业供应链协同销售的指标中，选取与主要下游企业或经销商平均合作时间，研究其与等级品率的关联是否显著。

H_0：主要下游企业或经销商平均合作时间与等级品率关联显著；

H_1：主要下游企业或经销商平均合作时间与等级品率关联不显著（$\alpha = 0.05$）。

分析结果见表 6 - 23 和表 6 - 24。

表 6 - 23　　主要下游企业或经销商平均合作时间与等级品率交叉分析表

Count

		等级品产值率						Total
		1. 00	2. 00	3. 00	4. 00	5. 00	6. 00	
与主要下游企业或经销商平均合作时间	4. 00	1	0	1	2	0	0	4
	6. 00	0	0	3	4	6	1	14
	8. 00	0	1	3	0	5	3	12
Total		1	1	7	6	11	4	30

表 6 - 24　　主要下游企业或经销商平均合作时间对等级品率影响分析表

	Value	df	Asymp. Sig. (2 - sided)	Exact Sig. (2 - sided)	Exact Sig. (1 - sided)	Point Probability
Pearson Chi - Square	16. 611[a]	10	. 083	. 073		
Likelihood Ratio	18. 096	10	. 053	. 062		

续表

	Value	df	Asymp. Sig. (2 – sided)	Exact Sig. (2 – sided)	Exact Sig. (1 – sided)	Point Probability
Fisher's Exact Test	14. 107			. 077		
Linear-by – Linear Association	3. 049[b]	1	. 081	. 086	. 052	. 020
N of Valid Cases	30					

注: a. 17 cells （94.4%） have expected count less than 5. The minimum expected count is. 13.

b. The standardized statistic is 1. 746.

通过分析可知，Fisher's Exact Test 值为 14. 107，Exact Sig. 为 0. 077，大于 0. 05，因此拒绝原假设，接受备择假设，即主要下游企业或经销商平均合作时间与等级品率关联不显著。由于篇幅有限，本书不再展示其余分析结果，在表 6 – 25 ~ 表 6 – 28 中把对四个质量指标有显著影响的因素总结出来。

表 6 – 25　　　　　对产量最大的钢材产品合格率有显著影响的因素列表

因素	Fisher's Exact Test Value	Exact Sig. (2 – sided)
企业利润	15. 340	0. 008
组织结构	8. 401	0. 040
供应商参与设计开发新产品情况	11. 382	0. 007
原材料库存总额	13. 927	0. 019
与主要下游企业或经销商平均合作时间	8. 084	0. 022
产品类型或者规格与订单不符解决时间	11. 458	0. 044
新增分销商个数	12. 600	0. 043

表 6 – 26　　　　　对钢材综合成材率有显著影响的因素列表

因素	Fisher's Exact Test Value	Exact Sig. (2 – sided)
总体至主体生产厂生产线的层级数	15. 287	0. 001
研发部门定期与其他部门进行交流	13. 354	0. 010
供应商参与设计开发新产品情况	11. 263	0. 008
分销商参与设计开发新产品情况	10. 500	0. 018
煤炭抽样合格率	13. 298	0. 039

续表

因素	Fisher's Exact Test Value	Exact Sig. (2 – sided)
采购物品按时收到比例	8.252	0.016
满足本企业的下游企业的需求量的比例	14.895	0.009
新增分销商个数	14.213	0.021

表 6 – 27　　　　　　　　对等级品产值率有显著影响的因素列表

因素	Fisher's Exact Test Value	Exact Sig. (2 – sided)
企业利润	25.522	0.047
信息化程度	15.418	0.037
供应商参与设计开发新产品情况	20.145	0.002
分销商参与设计开发新产品情况	15.995	0.027
用户参与设计开发新产品情况	10.749	0.022
煤炭抽样合格率	31.771	0.001
原材料库存总额	25.955	0.043
满足本企业的下游企业的需求量的比例	27.379	0.035
销售部门与生产部门交流情况	16.221	0.020

表 6 – 28　　　　　对下游客户服务满意率有显著影响的因素列表

因素	Fisher's Exact Test Value	Exact Sig. (2 – sided)
企业规模	15.040	0.023
信息化程度	11.154	0.030
供应商参与设计开发新产品情况	11.110	0.030
煤炭抽样合格率	18.680	0.015
铁矿石抽样合格率	17.696	0.030
业务外包比例	13.929	0.007
满足本企业的下游企业的需求量的比例	17.990	0.020
产品出现破损等情况解决时间	16.375	0.010

　　由四个综合表格可以发现：每个质量指标的主要影响因素个数均为 7 ~ 9个，说明该方法还是较好地解决了本书钢铁企业供应链质量管理影响因素分析

问题。其中，供应商参与设计开发新产品情况在每个表格中都出现了，而且都是非常显著的影响关系，尤其是在对产品质量的影响中，有极其显著的影响关系（0.007，0.008，0.002，0.030），这就说明钢铁企业一定要关注供应商参与设计与开发新产品，这一环节做好，有利于各项质量指标的提升。煤炭抽样合格率出现在三个质量指标影响因素表格中，说明该指标也相当重要，要尽可能地提高煤炭抽样合格率。同样，满足本企业的下游企业的需求量的比例也出现在三个质量指标影响因素表格中，也提示钢铁企业要尽量满足下游企业的需求量。这点是个很值得思考的问题，如果出现供不应求，长期来看，易形成"牛鞭效应"，而供大于求，又说明企业产能过剩，因此尽量保持 95% ~ 98% 的比例是最好的。

信息化程度出现在对等级品产值率和对下游客户服务满意率有显著影响因素的列表中，等级品是显示企业生产一等品和优等品的比率，是生产高质量的产品的比率，这就说明信息化程度越高，对生产高质量产品越有利，对提高下游客户满意率更有利，但是对一般质量要求水平的产品影响不是很大。而不出意料的，业务外包比例也出现在对下游客户满意率有显著影响的列表中，说明业务外包极易导致问题引发下游客户的不满。同样，企业规模也出现在了对下游客户满意率的显著影响因素表中，说明我国规模越大的企业还是有着较好的实力和管理方法，下游客户满意率更高。

6.4　本章小结

本章设计并发放了钢铁企业供应链质量管理绩效调查问卷，基于钢铁企业的实际数据探讨了我国钢铁企业供应链质量管理存在的问题和不足，应用 Fisher 确切概率法分别研究了企业产量最大的钢材产品合格率、企业的钢材综合成材率、等级品产值率，以及下游客户服务满意率各自的影响因素。

第 7 章

钢铁企业供应链质量管理评价

7.1 钢铁企业供应链质量管理评价指标体系

在确定钢铁企业供应链质量管理评价指标体系时，主要的指标确定参考了第 6 章钢铁企业供应链质量管理影响因素研究的相关内容，首先删除了明显不相关的因素，如果某个影响因素指标在与四个质量指标的假设检验中，其 P 值都大于 0.2，那么就删除此指标。最终删除了三个指标：企业性质、订单平均反应速度和销售部门与采购部门的交流情况。另外，新增了七个指标，主要从战略角度和文化角度考察供应链质量管理：企业质量战略与资源、能力的适应性，质量战略与目标市场的适应性，质量战略与供应链长期发展目标适应性，质量文化对顾客关注度，质量文化对质量管理手段方法的实施的促进作用，质量文化是否有利于营造积极向上的工作氛围，质量文化的执行力度。这七个指标具有一定的模糊性，通过专家打分法进行评价，最终确定的钢铁企业供应链质量管理评价指标体系见表 7-1。

7.2 模糊 TOPSIS 评价方法

指标评价方法有很多种，常见的综合评价方法有层次分析法、数据包络法、TOPSIS 法、主成分分析法和灰色关联分析法等，本书之所以选择模糊 TOPSIS 方法，主要有以下三点。

（1）以上指标中有的指标是模糊性的，质量文化对顾客关注程度，质量战略与供应链长期发展目标适应性等，因此需要应用模糊理论进行处理。

（2）TOPSIS 方法对数据分布及样本量、指标多少无严格限制，即使样本量很少，也是可以应用的。本书的样本量为 30 个，样本量较少，因此采用 TOPSIS 方法。

（3）TOPSIS 方法可以更有效地评价样本的优劣，适用于样本优劣差距不大时进行评价，由于我国钢铁企业供应链质量管理的水平差距不是非常大，因此，选用 TOPSIS 方法。

表 7-1　　　　　　　　钢铁企业供应链质量管理评价指标体系

方面	指标
钢铁企业基本情况 S_1	企业规模 C_1
	企业利润 C_2
	组织结构 C_3
	总部至主体生产厂生产线的层级 C_4
	企业信息化程度 C_5
钢铁企业质量战略与文化的适宜性 S_2	企业质量战略与资源、能力的适应性 C_6
	质量战略与目标市场的适应性 C_7
	质量战略与供应链长期发展目标适应性 C_8
	质量文化对顾客关注程度 C_9
	质量文化对质量管理手段方法的实施的促进作用 C_{10}
	质量文化是否有利于营造积极向上的工作氛围 C_{11}
	质量文化的执行力度 C_{12}
钢铁企业产品和服务质量 S_3	企业产量最大的钢材产品合格率 C_{13}
	综合成材率 C_{14}
	等级品产值率 C_{15}
	下游顾客满意率 C_{16}
钢铁企业供应链协同产品设计和开发 S_4	研发部门与其他部门交流情况 C_{17}
	供应商在产品设计开发阶段的参与程度 C_{18}
	分销商在产品设计开发阶段的参与程度 C_{19}
	最终用户在产品设计开发阶段的参与程度 C_{20}

方面	指标
钢铁企业供应链协同采购 S_5	煤炭抽样合格率 C_{21}
	铁矿石抽样合格率 C_{22}
	供应链原材料平均库存率 C_{23}
	采购原材料按时收到比率 C_{24}
	大宗用料供应商总数 C_{25}
	与供应商信息共享程度 C_{26}
	供应商保有率 C_{27}
	实施联合库存情况 C_{28}
钢铁企业供应链协同制造 S_6	产需率 C_{29}
	业务外包比例 C_{30}
钢铁企业供应链协同销售 S_7	产销率 C_{31}
	销售部门与研发部门交流频率 C_{32}
	销售部门与生产部门交流频率 C_{32}
	退货响应速度 C_{33}
	下游顾客满意率 C_{34}
	分销商变动情况 C_{35}

7.2.1　基本定义

设 U 表示一些对象的集合，称之为论域，对于 U 的一个子集 A，可以用特征函数来表示，令

$$\chi_A(\mu) = \begin{cases} 1, & u \in A \\ 0, & u \notin A \end{cases}$$

χ_A 是定义 U 上取值 $\{0, 1\}$ 的函数，称为集合 A 的特征函数。对于 $u \in U$，若 $\chi_A(\mu) = 1$，则说 μ 是 A 中的元素；若 $\chi_A(\mu) = 0$，则说 μ 不是 A 中的元素。

定义 1　设 W 是论域，W 上的一个模糊集合 A 由 U 上的一个实值函数。$\mu_A(x) \to [0, 1]$ 表示，对于 $x \in U$，$\mu_A(x)$ 称为 x 对于 A 的隶属度，而 μ_A 称为 A 的隶属函数，记为

$$A = \{x, \mu_A(x)/\mu \in X\}$$

定义 2　一个模糊数是定义在实数域 R 上的正规凸模糊集，且满足以下条件。

（1）存在唯一的点 $x_0 \in R$，具有隶属度 $\mu_N(x_0) = 1$。

（2）隶属函数 $\mu_N(x)$ 是左右连续的。

模糊数 N 的一般表达式可以表示为

$$\mu_A(x) = \begin{cases} L(x), & l \leq x \leq m \\ R(x), & m \leq x \leq r \end{cases}$$

式中，$L(x)$ 为右连续的增函数，$0 \leq L(x) \leq 1$；$R(x)$ 为左连续的减函数，且值域为 $0 \leq R(x) \leq 1$；$L(x)$ 和 $R(x)$ 都是线性函数，即 N 称为三角模糊数，记为 $N = (l, m, r)$，如图 7 – 1 所示。

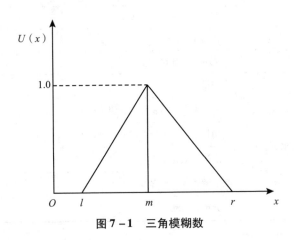

图 7 – 1　三角模糊数

定义 3　令 $A = (a^l, a^m, a^r)$，$B = (b^l, b^m, b^r)$ 是两个三角模糊数。根据 Ecer（2007），A 和 B 的距离可按照以下公式计算。

$$d(A, B) = \sqrt{\frac{1}{3}\left[(a^l - b^l)^2 + (a^m - b^m)^2 + (a^r - b^r)^2\right]}$$

定义 4　令 U 表示 X_1，X_2，$\cdots$，X_n 的集合，定义

$X^+ = Up(U) = Up\{X_1, X_2, \cdots, X_n\}$ 是 U 上的最大模糊值；

$X^- = Lo(U) = Lo\{X_1, X_2, \cdots, X_n\}$ 是 U 上的最小模糊值。

7.2.2　确定理想解与负理想解

假设有 m 个评价对象，共有 n 个评价指标，那么问题可以用 $R = [R_{ij}]_{m \times n}$ 描述。在评价过程中，指标权重可以通过语言变量表示，语言变量可以分为非

常重要（VH）、重要（H）、一般（M）、不重要（L）和非常不重要（VL）。假设语言变量评价值可以转换为三角模糊数，且介于 0，1 之间。令 $p_{ij}(e)$ 表示第 e 个评价者对第 i 个评价对象的第 j 个指标的评分，$i = 1$，2，$\cdots$，m；$j = 1$，2，$\cdots$，n；$e = 1$，2，$\cdots$，t。

令 $R_{ij} = (r_{ij}^l, r_{ij}^m, r_{ij}^r)$，其中 $r_{ij}^l = \min\{p_{ij}(e)|e = 1, 2, \cdots, t\}$，$r_{ij}^m = \dfrac{1}{t}\sum_{e=1}^{t} p_{ij}(e)$，$r_{ij}^r = \max\{p_{ij}(e)|e = 1, 2, \cdots, t\}$。

在评价之前首先需要标准化：

若 $p_{ij}(e)$ 是效益型指标，则

$$q_{ij}^l = \frac{p_{ij}^l - \min_i p_{ij}^l}{\max_i p_{ij}^r - \min_i p_{ij}^l},$$

$$q_{ij}^m = \frac{p_{ij}^m - \min_i p_{ij}^l}{\max_i p_{ij}^r - \min_i p_{ij}^l},$$

$$q_{ij}^r = \frac{p_{ij}^r - \min_i p_{ij}^l}{\max_i p_{ij}^r - \min_i p_{ij}^l}$$

若 $p_{ij}(e)$ 是成本型指标，则

$$q_{ij}^l = \frac{\max_i b_{ij}^r - b_{ij}^l}{\max_i b_{ij}^r - \min_i b_{ij}^l},$$

$$q_{ij}^m = \frac{\max_i b_{ij}^r - b_{ij}^m}{\max_i b_{ij}^r - \min_i b_{ij}^l},$$

$$q_{ij}^r = \frac{\max_i b_{ij}^r - b_{ij}^r}{\max_i b_{ij}^r - \min_i b_{ij}^l}$$

通过前面定义中 Up 和 Lo 函数，可以确定理想解和负理想解。

理想解：$Q^+ = [Q_1^+, Q_2^+, \cdots, Q_n^+]$

负理想解：$Q^- = [Q_1^-, Q_2^-, \cdots, Q_n^-]$

其中 $Q_j^- = Lo\{Q_{ij}|i = 1, 2, \cdots, m\} = (q_j^{l-}, q_j^{m-}, q_j^{r-})$，

$Q_j^+ = Up\{Q_{ij}|i = 1, 2, \cdots, m\} = (q_j^{l+}, q_j^{m+}, q_j^{r+})$，$j = 1, 2, \cdots, n$

7.2.3　确定每个评价对象到理想解与负理想解的距离

令 d_{ij}^- 和 d_{ij}^+ 表示 Q_{ij} 到负理想解 Q_j^- 和正理想解 Q_j^+ 的距离：

其中 $d_{ij}^- = d(Q_{ij}, Q_j^-) = \sqrt{\dfrac{1}{3}\big[(q_{ij}^l - q_j^{l-})^2 + (q_{ij}^m - q_j^{m-})^2 + (q_{ij}^r - q_j^{r-})^2\big]}$

$d_{ij}^+ = d(Q_{ij}, Q_j^+) = \sqrt{\dfrac{1}{3}\big[(q_{ij}^l - q_j^{l+})^2 + (q_{ij}^m - q_j^{m+})^2 + (q_{ij}^r - q_j^{r+})^2\big]}$

$i = 1, 2, \cdots, m; j = 1, 2, \cdots, n$

令 $W_{jk} = (w_{jk}^l, w_{jk}^m, w_{jk}^r) j = 1, 2, \cdots, n; k = 1, 2, \cdots, s$。表示第 k 个专家对 C_j 的模糊权重。令 W_j 表示 S 个专家对指标 C_j 所给出的综合权重

$W_j = (w_j^l, w_j^m, w_j^r) = (1/s) \otimes (W_{j1} \oplus W_{j2} \oplus \cdots \oplus W_{js}), j = 1, 2, \cdots, m$

其中 $w_j^l = \displaystyle\sum_{k=1}^{s} w_{jk}^l / s$，$w_j^m = \displaystyle\sum_{k=1}^{s} w_{jk}^m / s$，$w_j^r = \displaystyle\sum_{k=1}^{s} w_{jk}^r / s$

令 I_i^- 和 I_i^+ 分别表示第 i 个评价对象到负理想解和正理想解的距离

$I_i^- = \displaystyle\sum_{j=1}^{n} W_j \otimes d_{ij}^-$，$I_i^+ = \displaystyle\sum_{j=1}^{n} W_j \otimes d_{ij}^+$，$i = 1, 2, \cdots, m$

7.2.4 计算贴近度系数

令 $NI^- = Lo\{I_i^- | i = 1, 2, \cdots, m\}$，$NI^+ = Up\{I_i^- | i = 1, 2, \cdots, m\}$，

$PI^- = Lo\{I_i^+ | i = 1, 2, \cdots, m\}$，$PI^+ = Up\{I_i^+ | i = 1, 2, \cdots, m\}$

假定 $[I_i^-, I_i^+]$ 的负理想解和理想解为 $[NI^-, PI^+]$ 和 $[NI^+, PI^-]$。令 K_i^- 和 K_i^+ 分别表示 $[I_i^-, I_i^+]$ 到 $[NI^-, PI^+]$ 和 $[NI^+, PI^-]$ 的距离，那么 $K_i^- = d(I_i^-, NI^-) + d(I_i^-, PI^+)$ 和 $K_i^+ = d(I_i^+, NI^+) + d(I_i^+, PI^-)$。

最终 K_i 的贴近度系数 K_i^* 可表示为 $K_i^* = \dfrac{K_i^-}{K_i^- + K_i^+}$，$i = 1, 2, \cdots, m$

依据贴近度系数可对评价对象进行排序，贴近度系数越大，排名越靠前。

7.3 基于模糊 TOPSIS 的 30 家钢铁 企业供应链质量管理评价

指标权重可以通过语言变量表示，语言变量可以分为非常重要（VH），重要（H），一般（M），不重要（L）和非常不重要（VL）。定义 $VL = (0, 0, 0.3)$，$L = (0, 0.3, 0.5)$，$M = (0.3, 0.5, 0.7)$，$H = (0.5, 0.7, 1)$，$VH =$

（0.7，1，1）。在确定各项指标权重的时候，参考了第 6 章钢铁企业供应链质量管理影响因素的研究结果。考虑到前面在确定指标时候已经删除了三个非常不重要的指标。在剩下指标中，若某个指标在四个质量指标的影响因素列表中出现了三次或四次，其语言变量值为非常重要（VH）；若某个指标在四个质量指标的影响因素列表中出现了两次，其语言变量值为重要（H）；若某个指标在四个质量指标的影响因素列表中出现了一次，其语言变量值为一般（M）；若某个指标在四个质量指标的影响因素列表中未出现，其语言变量值为不重要（L）。新增的 7 个指标的权重通过专家打分法确定，最终确定的权重为

$W_1 = (0.3，0.5，0.7)$，$W_2 = (0.5，0.7，1.0)$，$W_3 = (0.3，0.5，0.7)$，$W_4 = (0.3，0.5，0.7)$，$W_5 = (0.5，0.7，1.0)$，$W_6 = (0.46，0.66，0.94)$，$W_7 = (0.58，0.82，1.0)$，$W_8 = (0.32，0.54，0.78)$，$W_9 = (0.5，0.72，0.94)$，$W_{10} = (0.46，0.68，0.88)$，$W_{11} = (0.5，0.72，0.94)$，$W_{12} = (0.58，0.82，1)$，$W_{13} = (0.7，1.0，1.0)$，$W_{14} = (0.7，1.0，1.0)$，$W_{15} = (0.7，1.0，1.0)$，$W_{16} = (0.7，1.0，1.0)$，$W_{17} = (0.3，0.5，0.7)$，$W_{18} = (0.7，1.0，1.0)$，$W_{19} = (0.5，0.7，1.0)$，$W_{20} = (0.3，0.5，0.7)$，$W_{21} = (0.7，1.0，1.0)$，$W_{22} = (0.3，0.5，0.7)$，$W_{23} = (0.5，0.7，1.0)$，$W_{24} = (0.3，0.5，0.7)$，$W_{25} = (0.0，0.0，0.3)$，$W_{26} = (0.0，0.0，0.3)$，$W_{27} = (0.0，0.0，0.3)$，$W_{28} = (0.0，0.0，0.3)$，$W_{29} = (0.7，1.0，1.0)$，$W_{30} = (0.3，0.5，0.7)$，$W_{31} = (0.0，0.0，0.3)$，$W_{32} = (0.3，0.5，0.7)$，$W_{33} = (0.5，0.7，1.0)$，$W_{34} = (0.0，0.0，0.3)$，$W_{35} = (0.5，0.7，1.0)$。

　　根据标准化的公式，可得出每个评价对象的每个指标标准化的三角模糊数矩阵，由于篇幅有限，仅给出部分（5 家钢铁企业）标准化的三角模糊矩阵（见表 7－2），在得到标准化的三角模糊矩阵后，通过前面定义中 Up 和 Lo 函数，可以确定理想解和负理想解。

$Q^+ = [(1.00，1.00，1.00)，(1.00，1.00，1.00)，(1.00，1.00，1.00)，(1.00，1.00，1.00)，(1.00，1.00，1.00)，(0.79，0.82，0.84)，(0.53，0.61，0.75)，(0.75，0.83，1.00)，(0.50，0.58，0.75)，(0.80，0.93，1.00)，(0.50，0.58，0.75)，(0.75，0.83，1.00)，(1.00，1.00，1.00)，(1.00，1.00，1.00)，(1.00，1.00，1.00)，(1.00，1.00，1.00)，(1.00，1.00，1.00)，(1.00，1.00，1.00)，(1.00，1.00，1.00)，(1.00，1.00，1.00)，(1.00，1.00，1.00)，(1.00，1.00，1.00)，(1.00，1.00，1.00)，(1.00，1.00，1.00)，(1.00，

1.00, 1.00), (1.00, 1.00, 1.00), (1.00, 1.00, 1.00), (1.00, 1.00, 1.00), (1.00, 1.00, 1.00), (1.00, 1.00, 1.00), (1.00, 1.00, 1.00), (1.00, 1.00, 1.00), (1.00, 1.00, 1.00)]

$Q^- = [$(0.00, 0.00, 0.00), (0.00, 0.00, 0.00), (0.00, 0.00, 0.00), (0.00, 0.00, 0.00), (0.00, 0.00, 0.00), (0.00, 0.07, 0.10), (0.12, 0.16, 0.21), (0.00, 0.07, 0.10), (0.00, 0.07, 0.10), (0.12, 0.16, 0.21), (0.20, 0.27, 0.40), (0.20, 0.27, 0.40), (0.00, 0.00, 0.00)]

表 7 - 2　　　　　　　　　　部分标准化的三角模糊矩阵

	A_1	A_2	A_3	A_4	A_5
C_1	(1.00, 1.00, 1.00)	(1.00, 1.00, 1.00)	(0.67, 0.67, 0.67)	(0.67, 0.67, 0.67)	(0.67, 0.67, 0.67)
C_2	(1.00, 1.00, 1.00)	(0.50, 0.50, 0.50)	(0.17, 0.17, 0.17)	(0.00, 0.00, 0.00)	(0.33, 0.33, 0.33)
C_3	(0.75, 0.75, 0.75)	(1.00, 1.00, 1.00)	(1.00, 1.00, 1.00)	(1.00, 1.00, 1.00)	(1.00, 1.00, 1.00)
C_4	(0.50, 0.50, 0.50)	(0.50, 0.50, 0.50)	(1.00, 1.00, 1.00)	(1.00, 1.00, 1.00)	(0.50, 0.50, 0.50)
C_5	(1.00, 1.00, 1.00)	(1.00, 1.00, 1.00)	(1.00, 1.00, 1.00)	(1.00, 1.00, 1.00)	(0.50, 0.50, 0.50)
C_6	(0.79, 0.82, 0.84)	(0.33, 0.44, 0.67)	(0.79, 0.82, 0.84)	(0.33, 0.44, 0.67)	(0.33, 0.56, 0.67)
C_7	(0.53, 0.61, 0.68)	(0.50, 0.58, 0.75)	(0.50, 0.67, 0.75)	(0.25, 0.33, 0.50)	(0.25, 0.42, 0.50)
C_8	(0.75, 0.83, 1.00)	(0.53, 0.61, 0.68)	(0.53, 0.61, 0.68)	(0.50, 0.58, 0.75)	(0.50, 0.58, 0.75)
C_9	(0.50, 0.58, 0.75)	(0.40, 0.47, 0.60)	(0.47, 0.53, 0.58)	(0.40, 0.47, 0.60)	(0.33, 0.56, 0.67)
C_{10}	(0.80, 0.93, 1.00)	(0.25, 0.33, 0.50)	(0.75, 0.83, 1.00)	(0.53, 0.61, 0.68)	(0.47, 0.53, 0.58)
C_{11}	(0.50, 0.58, 0.75)	(0.40, 0.47, 0.60)	(0.40, 0.53, 0.60)	(0.33, 0.44, 0.67)	(0.50, 0.58, 0.75)
C_{12}	(0.80, 0.83, 0.90)	(0.75, 0.83, 1.00)	(0.75, 0.83, 1.00)	(0.00, 0.17, 0.25)	(0.50, 0.58, 0.75)
C_{13}	(0.50, 0.50, 0.50)	(0.50, 0.50, 0.50)	(0.50, 0.50, 0.50)	(0.50, 0.50, 0.50)	(0.00, 0.00, 0.00)
C_{14}	(0.50, 0.50, 0.50)	(0.00, 0.00, 0.00)	(0.50, 0.50, 0.50)	(0.50, 0.50, 0.50)	(1.00, 1.00, 1.00)
C_{15}	(0.80, 0.80, 0.80)	(0.80, 0.80, 0.80)	(0.80, 0.80, 0.80)	(0.20, 0.20, 0.20)	(0.40, 0.40, 0.40)

续表

	A_1	A_2	A_3	A_4	A_5
C_{16}	(0.67, 0.67, 0.67)	(0.67, 0.67, 0.67)	(0.33, 0.33, 0.33)	(0.67, 0.67, 0.67)	(0.33, 033, 0.33)
C_{17}	(0.67, 0.67, 0.67)	(0.67, 0.67, 0.67)	(0.67, 0.67, 0.67)	(0.67, 0.67, 0.67)	(1.00, 1.00, 1.00)
C_{18}	(0.50, 0.50, 0.50)	(0.50, 0.50, 0.50)	(0.50, 0.50, 0.50)	(0.00, 0.00, 0.00)	(1.00, 1.00, 1.00)
C_{19}	(0.00, 0.00, 0.00)	(0.50, 0.50, 0.50)	(0.50, 0.50, 0.50)	(0.50, 0.50, 0.50)	(1.00, 1.00, 1.00)
C_{20}	(1.00, 1.00, 1.00)	(1.00, 1.00, 1.00)	(1.00, 1.00, 1.00)	(0.00, 0.00, 0.00)	(0.00, 0.00, 0.00)
C_{21}	(0.75, 0.75, 0.75)	(0.50, 0.50, 0.50)	(0.50, 0.50, 0.50)	(0.25, 0.25, 0.25)	(0.75, 0.75, 0.75)
C_{22}	(1.00, 1.00, 1.00)	(0.75, 0.75, 0.75)	(0.50, 0.50, 0.50)	(0.00, 0.00, 0.00)	(0.75, 0.75, 0.75)
C_{23}	(0.71, 0.71, 0.71)	(1.00, 1.00, 1.00)	(1.00, 1.00, 1.00)	(0.71, 0.71, 0.71)	(0.43, 0.43, 0.43)
C_{24}	(1.00, 1.00, 1.00)	(0.00, 0.00, 0.00)	(0.00, 0.00, 0.00)	(0.00, 0.00, 0.00)	(1.00, 1.00, 1.00)
C_{25}	(1.00, 1.00, 1.00)	(0.20, 0.20, 0.20)	(0.40, 0.40, 0.40)	(0.80, 0.80, 0.80)	(0.80, 0.80, 0.80)
C_{26}	(0.00, 0.00, 0.00)	(0.50, 0.50, 0.50)	(0.00, 0.00, 0.00)	(1.00, 1.00, 1.00)	(0.50, 0.50, 0.50)
C_{27}	(0.38, 0.38, 0.38)	(0.38, 0.38, 0.38)	(0.63, 0.63, 0.63)	(1.00, 1.00, 1.00)	(0.00, 0.00, 0.00)
C_{28}	(1.00, 1.00, 1.00)	(0.00, 0.00, 0.00)	(0.00, 0.00, 0.00)	(0.00, 0.00, 0.00)	(0.00, 0.00, 0.00)
C_{29}	(1.00, 1.00, 1.00)	(1.00, 1.00, 1.00)	(0.00, 0.00, 0.00)	(0.60, 0.60, 0.60)	(1.00, 1.00, 1.00)
C_{30}	(0.40, 0.40, 0.40)	(0.40, 0.40, 0.40)	(0.40, 0.40, 0.40)	(0.40, 0.40, 0.40)	(1.00, 1.00, 1.00)
C_{31}	(0.50, 0.50, 0.50)	(0.50, 0.50, 0.50)	(0.50, 0.50, 0.50)	(1.00, 1.00, 1.00)	(0.50, 0.50, 0.50)
C_{32}	(0.00, 0.00, 0.00)	(0.63, 0.63, 0.63)	(0.38, 0.38, 0.38)	(0.63, 0.63, 0.63)	(0.63, 063, 0.63)
C_{33}	(0.40, 0.40, 0.40)	(0.40, 0.40, 0.40)	(1.00, 1.00, 1.00)	(1.00, 1.00, 1.00)	(1.00, 1.00, 1.00)
C_{34}	(0.40, 0.40, 0.40)	(0.40, 0.40, 0.40)	(1.00, 1.00, 1.00)	(1.00, 1.00, 1.00)	(1.00, 1.00, 1.00)
C_{35}	(1.00, 1.00, 1.00)	(0.00, 0.00, 0.00)	(0.63, 0.63, 0.63)	(0.38, 0.38, 0.38)	(0.63, 0.63, 0.63)

　　于是可确定每个对象到理想解和负理想解的距离（见表7-3），依据前面确定的权重和公式，可以得出考虑权重后每个评价对象到理想解和负理想解的距离（见表7-4）。

　　$NI^- = Lo\{I_i^- | i = 1, 2, \cdots, m\}$，$NI^+ = Up\{I_i^- | i = 1, 2, \cdots, m\}$，$PI^- = Lo\{I_i^+ | i = 1, 2, \cdots, m\}$，$PI^+ = Up\{I_i^+ | i = 1, 2, \cdots, m\}$。于是，$NI^- = [(2.34, 3.53, 5.58)]$，$NI^+ = [(7.76, 11.50, 15.3)]$，$PI^- = [(4.77, 7.20, 9.53)]$，$PI^+ = [(9.89, 14.50, 18.8)]$，$[I_i^-, I_i^+]$ 的负理想解和理想解为 $[(2.34, 3.53, 5.58), (9.89, 14.5, 18.8)]$ 和 $[(7.76, 11.5, 15.3),$

$(4.77,7.2,9.53)$]。

表 7 - 3　　　　　　　　　　每个对象到理想解和负理想解的距离

	A_1		A_2		A_3		A_4		A_5	
	d_{1j}^-	d_{1j}^+	d_{2j}^-	d_{2j}^+	d_{3j}^-	d_{3j}^+	d_{4j}^-	d_{4j}^+	d_{5j}^-	d_{5j}^+
C_1	0.00	1.00	0.00	1.00	0.33	0.67	0.33	0.67	0.33	0.67
C_2	0.00	1.00	0.50	0.50	0.83	0.17	1.00	0.00	0.67	0.33
C_3	0.25	0.75	0.00	1.00	0.00	1.00	0.00	1.00	0.00	1.00
C_4	0.50	0.50	0.50	0.50	0.00	1.00	0.00	1.00	0.50	0.50
C_5	0.00	1.00	0.00	1.00	0.00	1.00	0.00	1.00	0.50	0.50
C_6	0.00	0.76	0.36	0.44	0.00	0.76	0.36	0.44	0.32	0.47
C_7	0.04	0.44	0.02	0.45	0.04	0.48	0.27	0.21	0.24	0.24
C_8	0.00	0.81	0.26	0.55	0.26	0.55	0.25	0.56	0.25	0.56
C_9	0.75	0.00	0.60	0.12	0.58	0.10	0.60	0.12	0.61	0.10
C_{10}	0.00	0.75	0.55	0.21	0.06	0.70	0.30	0.44	0.39	0.36
C_{11}	0.00	0.32	0.12	0.20	0.11	0.22	0.14	0.20	0.00	0.32
C_{12}	0.03	0.55	0.16	0.20	0.12	0.22	0.26	0.20	0.07	0.32
C_{13}	0.50	0.50	0.50	0.50	0.50	0.50	0.50	0.50	1.00	0.00
C_{14}	0.50	0.50	1.00	0.00	0.50	0.50	0.50	0.50	0.00	1.00
C_{15}	0.20	0.80	0.20	0.80	0.20	0.80	0.80	0.20	0.40	0.60
C_{16}	0.33	0.67	0.33	0.67	0.67	0.33	0.33	0.67	0.67	0.33
C_{17}	0.33	0.67	0.33	0.67	0.33	0.67	0.33	0.67	0.00	1.00
C_{18}	0.50	0.50	0.50	0.50	0.50	0.50	1.00	0.00	0.00	1.00
C_{19}	1.00	0.00	0.50	0.50	0.50	0.50	0.50	0.50	0.00	1.00
C_{20}	0.00	1.00	0.00	1.00	0.00	1.00	1.00	0.00	1.00	0.00
C_{21}	0.25	0.75	0.50	0.50	0.50	0.50	0.75	0.25	0.25	0.75
C_{22}	0.00	1.00	0.25	0.75	0.50	0.50	1.00	0.00	0.50	0.50
C_{23}	0.29	0.71	0.00	1.00	0.00	1.00	0.29	0.71	0.57	0.43
C_{24}	0.00	1.00	1.00	0.00	1.00	0.00	1.00	0.00	0.00	1.00
C_{25}	0.00	1.00	0.80	0.20	0.60	0.40	0.20	0.80	0.80	0.80
C_{26}	1.00	0.00	0.50	0.50	1.00	0.00	0.00	1.00	0.50	0.50

	A_1		A_2		A_3		A_4		A_5	
	d_{1j}^-	d_{1j}^+	d_{2j}^-	d_{2j}^+	d_{3j}^-	d_{3j}^+	d_{4j}^-	d_{4j}^+	d_{5j}^-	d_{5j}^+
C_{27}	0.63	0.37	0.63	0.37	0.37	0.63	0.00	1.00	1.00	0.00
C_{28}	0.00	1.00	1.00	0.00	1.00	0.00	1.00	0.00	1.00	0.00
C_{29}	0.00	1.00	0.00	1.00	1.00	0.00	0.40	0.60	0.00	1.00
C_{30}	1.00	0.00	0.60	0.40	0.60	0.40	0.60	0.40	0.60	0.40
C_{31}	0.50	0.50	0.50	0.50	0.50	0.50	0.00	1.00	0.50	0.50
C_{32}	1.00	0.00	0.38	0.62	0.62	0.38	0.38	0.62	0.38	0.62
C_{33}	0.60	0.40	0.60	0.40	0.00	1.00	0.00	1.00	0.00	1.00
C_{34}	0.60	0.40	0.60	0.40	1.00	0.00	1.00	0.00	0.00	1.00
C_{35}	0.00	1.00	1.00	0.00	0.38	0.62	0.62	0.38	0.38	0.62

通过公式 $K_i^- = d(I_i^-, NI^-) + d(I_i^-, PI^+)$ 和 $K_i^+ = d(I_i^+, NI^+) + d(I_i^+, PI^-)$，可得到 $[I_i^-, I_i^+]$ 到 $[NI^-, PI^+]$ 和 $[NI^+, PI^-]$ 的距离，最终 K_i 的贴近度系数 K_i^* 可得出为：$K_1^* = 0.574$，$K_2^* = 0.706$，$K_3^* = 0.706$，$K_4^* = 0.704$，$K_5^* = 0.659$，$K_6^* = 0.510$，$K_7^* = 0.706$，$K_8^* = 0.699$，$K_9^* = 0.707$，$K_{10}^* = 0.706$，$K_{11}^* = 0.699$，$K_{12}^* = 0.549$，$K_{13}^* = 0.595$，$K_{14}^* = 0.706$，$K_{15}^* = 0.706$，$K_{16}^* = 0.706$，$K_{17}^* = 0.706$，$K_{18}^* = 0.530$，$K_{19}^* = 0.707$，$K_{20}^* = 0.706$，$K_{21}^* = 0.707$，$K_{22}^* = 0.704$，$K_{23}^* = 0.706$，$K_{24}^* = 0.491$，$K_{25}^* = 0.705$，$K_{26}^* = 0.707$，$K_{27}^* = 0.647$，$K_{28}^* = 0.704$，$K_{29}^* = 0.707$，$K_{30}^* = 0.705$。

表 7 - 4　　　考虑权重的每个评价对象到理想解和负理想解的距离

i	I_i^-	I_i^+	i	I_i^-	I_i^+
1	(3.67, 5.56, 7.61)	(8.99, 13.2, 17.5)	8	(7.76, 11.5, 15.3)	(4.77, 7.02, 9.53)
2	(5.23, 7.77, 10.9)	(7.27, 10.8, 14.0)	9	(6.35, 9.49, 12.9)	(6.05, 9.05, 11.9)
3	(5.05, 7.56, 10.1)	(7.47, 11.0, 14.8)	10	(6.97, 10.5, 13.6)	(5.52, 8.11, 11.3)
4	(6.58, 9.81, 12.4)	(5.98, 8.83, 12.7)	11	(4.72, 7.10, 9.44)	(7.79, 11.5, 15.4)
5	(4.42, 6.49, 9.04)	(8.17, 12.1, 15.9)	12	(3.02, 4.55, 7.07)	(9.41, 13.9, 17.8)
6	(2.01, 4.41, 6.50)	(9.89, 14.5, 18.8)	13	(3.73, 5.70, 7.61)	(8.71, 12.8, 17.2)
7	(5.90, 8.91, 11.8)	(6.61, 9.75, 13.2)	14	(5.42, 8.28, 11.2)	(7.07, 10.5, 13.7)

i	I_i^-	I_i^+	i	I_i^-	I_i^+
15	(7.55, 11.0, 15.3)	(4.99, 7.39, 9.70)	23	(5.00, 7.51, 10.4)	(7.66, 11.3, 14.8)
16	(5.95, 9.02, 11.5)	(6.56, 9.65, 13.4)	24	(2.34, 3.53, 5.58)	(10.1, 15.0, 19.3)
17	(4.96, 7.24, 9.92)	(7.55, 11.20, 15.1)	25	(5.19, 8.06, 11.2)	(7.22, 10.7, 13.6)
18	(3.12, 5.07, 7.04)	(9.58, 14.1, 18.4)	26	(5.04, 7.35, 10.3)	(7.46, 11.0, 14.6)
19	(6.42, 9.59, 13.0)	(6.08, 8.99, 12.0)	27	(4.08, 6.60, 8.94)	(8.39, 12.3, 16.0)
20	(6.66, 9.84, 13.6)	(5.87, 8.68, 11.3)	28	(7.28, 10.9, 15.2)	(5.27, 7.95, 9.71)
21	(6.08, 8.87, 12.1)	(6.45, 9.63, 12.8)	29	(6.47.9.38.13.1)	(6.10, 9.01, 11.9)
22	(6.68, 10.0, 12.5)	(5.77, 8.58, 12.4)	30	(6.36, 9.39, 13.6)	(6.12, 9.07, 11.3)

笔者也曾经多次用模糊 TOPSIS 作过评价，如评价钢铁企业价值创造能力，评价手机网站以及评价电子政务绩效，这次针对钢铁企业供应链质量管理的评价结果却有些出乎意料。首先，大部分钢铁企业得分集中为 0.705~0.707，这个结果是比较出乎意料的，说明了我国大部分钢铁企业的供应链质量管理水平是差距不大的，还有一部分原因是调查问卷的答案多分为 6~8 个选项，大部分钢铁企业选择的选项是相同的，以至于得分非常类似。其次，这样的得分情况说明了两个问题：①钢铁企业供应链质量管理绩效是与企业规模关系不大的，大型企业的供应链质量管理水平与小型企业的供应链质量管理水平差距不明显，另外，我国大部分钢铁企业供应链质量管理水平还有待进一步加强，由于 TOPSIS 本身就是一种能很好地做到劣中选优的评价方法，笔者以往的评价结果中，不乏 0.9 以上的评价对象，但是此次结果却显示在这 30 家钢铁企业之中，并没有做得比其他 29 家明显优秀的企业，说明都或多或少地在某些方面做得不够好，仍有很大的差距。②有四家钢铁企业的评分低于 0.599，最低的为 0.491，这说明这四家钢铁企业低于我国钢铁企业供应链质量管理平均水平，需重点加强供应链质量管理。

7.4 本章小结

本章从钢铁企业基本情况、钢铁企业质量战略与文化的适宜性、钢铁企业产品和服务质量、钢铁企业供应链协同产品设计和开发、钢铁企业供应链协同采购、钢铁企业供应链协同制造、钢铁企业供应链协同销售 7 个维度建立了钢铁企业供应链质量管理评价指标，并对我国 30 家钢铁企业的供应链质量管理进行综合评价，针对调查问卷结果及评价结果对我国钢铁企业供应链质量管理提出改进建议。

第8章

钢铁企业低碳供应链绩效评价影响因素分析

　　"采购原材料—炼钢炼铁—铸造、轧制—深度加工—顾客"是钢铁企业的整个供应链，在这条供应链上实现少消耗自然资源、少排放废弃物，则钢铁企业必须加强管理消耗不可再生资源，如煤炭等，积极控制并回收和循环使用废钢铁、废钢渣等（李红霞，2011）。研究钢铁企业的低碳供应链绩效评价，以钢铁企业作为核心的低碳供应链的整个环节如图8-1所示。

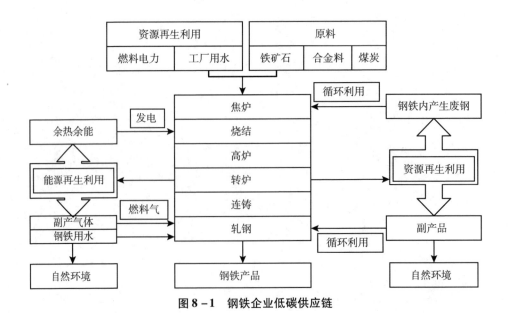

图8-1　钢铁企业低碳供应链

8.1　钢铁企业低碳供应链绩效评价指标选取

在参考相关领域文献的前提下，本书在考虑了钢铁企业具体特征、供应链成员企业及实际数据的可获得性的基础上，较全面地总结了本书研究所用到的指标。以钢铁企业为研究对象，结合企业实际情况、低碳供应链发展现状，将低碳指标引入到指标体系中，强调低碳因素对于企业供应链绩效的影响。

按照 ISO 14000 环境管理认证的内容、已有的关于该领域的绩效评价研究成果和实际能获取的数据。本书对总目标的评价是从三个方面展开的，包括财务、运营和低碳环保三个方面，共包括 22 个指标。下面对各指标进行详细解释。

1. 财务指标

（1）总资产报酬率。该指标反映资金使用效果与资产使用效率之间的关系，可以体现企业是否具备稳定和持久的盈利能力，公式为

$$总资产报酬率 = \frac{息税前利润}{平均资产总额} \times 100\%$$

$$评价资产总额 = \frac{资产总额年初数 + 资产总额年末数}{2}$$

（2）主营业务增长率。该指标反映企业盈利状况与所生产的产品市场需求量之间的关系，该指标值与企业产品市场需求量成正比，属于正向指标，公式为

$$主营业务增长率 = \frac{本年度主营业务收入 - 上年度主营业务收入}{上年度主营业务收入} \times 100\%$$

（3）资产负债率。该指标是企业所有资产总额中，所承担的债务部分有多少比例，可以体现出企业偿债本领，公式为

$$资产负债率 = \frac{负债总额}{资产总额} \times 100\%$$

（4）环保资金投入。该指标是指企业为减少碳排放，开展环保工作的投入资金。这些资金主要投入到改造一些旧的设施（如防尘、烟气处理设施等）和一些辅助性的设备（如监测废弃物回收率的监控设备）。

2. 运营指标。该指标能够反映供应链的运行情况。

（1）钢材产销率。该指标反映企业所生产的产品有多少完成销售，指标

越高，说明下游顾客对产品的需求越大，公式为

$$钢材产销率 = \frac{一定时期内已销售出去的产品数量}{一定时期内生产的产品数量} \times 100\%$$

（2）顾客满意度。该指标反映顾客对于其所购买的企业产品的满意程度，包括产品本身和企业提高的服务。如果顾客对于产品和企业提高的服务感到很满意，那么这个指标的数值相应的也会更大，从另一方面也反映供应链运营效果就越好。

（3）原材料及产品供应能力。该指标是指企业在需要购进原料时，其供应商准时按量供应的程度，能够反映企业内部及节点企业之间的运行情况。

（4）准确交货率。该指标是指企业将产品按照顾客要求交付给顾客的准确程度，交货越准确，顾客满意度越高，供应链的运行效果也会越好。

（5）存货周转率。表示企业存货周转速度的快慢以及其变现能力的高低，该指标能够反映企业在采购、生产、销售过程中的运营水平，公式为

$$存货周转率 = \frac{销售成本}{平均存货余额} \times 100\%$$

（6）低碳信息共享程度。该指标反映钢铁企业与其供应商分销商合作协调，分享低碳信息的程度，例如：低碳运输包括水运、铁路运输等信息；废弃处理及回收方面的技术改进信息；一些清洁能源等信息。

（7）R&D 投入。该指标反映企业在开展研发上面投入资金的多少，通过该指标在一定程度上可以看出企业对于研发的重视程度。如果企业对于开展研发这项工作越重视，那么这个指标值就会相应越大。公式为

$$R\&D 投入率 = \frac{企业投入科研的资金总额}{销售收入} \times 100\%$$

（8）专利授权量。该指标为企业计算期内，获得国家授权的专利数量，为正向指标。

3. 低碳指标

选取的低碳指标为供应链核心企业的数据，即在本书中是核心钢铁企业的数据，反映低碳水平。

（1）吨钢综合能耗。在统计期内，企业将每吨钢铁消耗的资源量折合成标准煤量，用来计算各种能源折合后的综合消耗量。生产经营过程当中，若该指标值越小，表示煤炭、水、电等消耗越少。该指标属于负向指标，公式为

$$吨钢综合能耗（千克标准煤/吨）= \frac{企业自耗资源（千克标准煤）}{企业钢产量（吨）}$$

$$\frac{企业自耗}{能源量} = \frac{企业购入}{能源量} \pm \frac{库存能}{源量} - \frac{外销能}{源量} = \frac{企业各部消耗}{能源量之和} + \frac{企业能源}{亏损量}$$

（2）吨钢耗新水量。在统计期内，企业每生产一吨钢需要消耗多少的新鲜水，如果说需要消耗掉的新鲜水越少，该指标值也会相应越小。该指标属于负向指标，公式为

$$吨钢耗新水量（立方米/吨）= \frac{企业自耗水量（立方米）}{企业钢产量（吨）}$$

企业自耗水量 = 企业各部消耗水量之和 + 企业循环水量 + 企业污水排放量

（3）吨钢二氧化硫排放量。

$$吨钢二氧化硫排放量 = \frac{排放二氧化硫总量（千克）}{企业钢产量（吨）}$$

（4）吨钢二氧化碳排放量。

$$吨钢二氧化碳排放量 = \frac{排放二氧化碳总量（千克）}{企业钢产量（吨）}$$

（5）吨钢 COD 排放量。

$$吨钢 COD 排放量 = \frac{废水排放的 COD 总量（千克）}{企业钢产量（吨）}$$

指标（3）~（5）都属于负向指标，如果企业低碳化程度越低，这三个指标值也会越大。

（6）烟尘排放增长率。

$$烟尘排放增长率 = \frac{本年烟尘排放总量 - 上年烟尘排放总量}{上年烟尘排放总量}$$

（7）粉尘排放增长率。

$$粉尘排放增长率 = \frac{本年粉尘排放总量 - 上年粉尘排放总量}{上年粉尘排放总量}$$

（8）废气排放增长率。

$$废气排放增长率 = \frac{本年废气排放总量 - 上年废气排放总量}{上年废气排放总量}$$

企业生产经营过程中，排放污染物越少，以上（6）~（8）三个指标值越小，说明企业生产经营活动对社会和环境产生的负面影响越小，属于负向指标。

（9）水重复利用率。该指标反映企业利用其生产过程中产生废水的多少。生产过程当中，水重复利用的比例越高，该指标的数值越大。

（10）固废综合利用率。该指标反映企业利用其自身生产过程中产生的固

体废弃物的多少，如果利用的多，那么这个指标的数值会大。因此，是一个正向指标。公式为

$$固废综合利用率 = \frac{利用的固体废弃物总量}{产生的固体废弃物总量} \times 100\%$$

由于吨钢烟、粉尘排放量及废气回收利用率三个指标无法获取，通过与钢铁企业相关负责人的协商，决定使用烟尘排放增长率、粉尘排放增长率和废气排放增长率代替。虽然本书将指标分为财务指标、运营指标和低碳环保指标三部分，分别研究其影响因素及衡量指标，但是笔者认为每个部分的指标是相互影响而并非分离的。

8.2 钢铁企业低碳供应链绩效评价调查问卷设计与发放

8.2.1 调查问卷的设计

此次调查问卷的调查对象为 2016 年粗钢产量为 1000 万吨以上的钢铁企业，且要求该钢铁企业在其所在的供应链中为核心企业地位，主要是为了获取绩效评价指标的具体数值。

在搜集这些指标数据时，主要通过调查问卷获得和直接获得两种途径。通过查阅各企业相关年报获得专利授权量的数值，其他指标的数值都是通过调查问卷的方式获得的。

综合考虑文献之后，设计出第一版问卷，共 21 个问题。在听取北京科技大学技术经济及管理专业和北京信息科技大学两位教授的指导意见之后做了第二次修改，明确了调查目的和调查意义，明确了相关指标的具体含义。比如第一版中"2016 年贵企业低碳信息共享率"问题，在第二版中改为"贵企业是否与供应商、分销商分享低碳信息（若分享请回答）：（低碳运输包括水运、铁路运输等；废弃物的处置技术、回收使用技术；低碳能源包括风力发电等方面的信息）"，使问题更加详细，避免给填写者造成困惑。但有些数据是填写而不是选择，对问卷填写者要求较高，且数据查询困难，有些数据企业没有统计。笔者做了第三次修改，并请北京科技大学技术经济及管理专业和北京信息科技大学两位教授及钢铁企业相关工作人员进行分析，用一些替代指标来表示，最

终得到第三版 23 个问题。

除收集上述指标数据外，问卷最后还增添了一个问题，目的是为了发现钢铁企业现有低碳供应链运行过程中还有哪些方面需要加强改进和管理，这些问题包括：将来贵企业计划在哪些方面加强低碳供应链运行效率？并对您选择的计划按照重要性进行排序（1 非常重要，2 重要，3 比较重要，4 不重要，5 非常不重要）：投入资金加强技术研发，包括生产设备及工序和回收废弃物相关技术研发；与供应商、分销商开展合作，协同进行采购、生产、运输和销售；加强对供应商选择和低碳协同管理，对供应商的采购、生产、物流、设计、项目管理等方面设立相关标准，按照标准择优选取供应商；规定好时间，派人到供应商那里进行原材料抽查；增加与主要供应商和分销商的低碳信息分享频率；制定物流操作环节的规范、标准和要求，尽量使得产品运输过程中的碳排放量降到最小。

8.2.2　调查问卷的发放与回收

综合考虑调查问卷填写难度、回收难度、数据可获得性等因素，本书选取了 2016 年粗钢产量 1000 万吨以上的 21 家钢铁企业为问卷发放对象。在确定 21 家钢铁企业名单之后，先联系马钢相关负责人试填写调查问卷，根据填写情况及所提意见对问卷进行进一步修改，随后笔者联系中国钢铁工业协会相关人员，通过他们联系到这 21 家企业进行问卷发放。这次调查共发放了 30 份问卷，回收了 25 份，其中有 4 份为无效问卷予以剔除，剩下有效问卷 21 份。

8.3　调查问卷分析及数据预处理

8.3.1　信度分析

对于数据进行一致性或者稳定性的检验，是为知道数据是否真实，是否可用于研究，而信度分析的作用是用一些检测工具来检测数据（齐龙瑜，2007）。

假如 T 为数据的真实数值，B 是此次检测的系统误差，E 代表测量过程中产生的误差，X 是通过调查问卷获得的数据值，则 $X = T + B + E$。我们都知道，只有进行数据的检验就会存在系统误差，这是消除不了的，所以省略掉这一项，得 $X = T + E$。一般假设误差期望等于 0，而且问卷收集到的数据值和 E 是相互独立的。所以，测量到的数据值等于问卷收集到的数据值的方差加上误差项的方差，问卷收集到的数据值的期望与测量数值期望相等，综上所述，则有

$$E(x) = E(T) \tag{8-1}$$

$$\sigma_X^2 = \sigma_T^2 + \sigma_E^2 \tag{8-2}$$

一般规定，问卷收集到的实际数据值的方差占总的方差的比例代表信度，即

$$\frac{\sigma_T^2}{\sigma_X^2} = 1 - \frac{\sigma_E^2}{\sigma_X^2} \vec{\text{或}} \sqrt{\frac{\sigma_T^2}{\sigma_X^2}} \tag{8-3}$$

在展开信度分析时，经常使用的系数就是 Cronbach α 信度系数，它是一种能够反映内部一致性的一种系数，计算公式为

$$\alpha = \frac{K}{K-1}\left(1 - \frac{\sum S_i^2}{S_T^2}\right) \tag{8-4}$$

式中，问卷问题总数用 K 表示；第 i 道题的题内方差用 S_i^2 代表；所有题总得分的方差用 S_T^2 代表。

该系数评价的是各个问题得分之间的一致性。在进行调查问卷的题目态度时或者是问卷的目的是为了征求意见信度分析时，经常运用这种系数。

将发放出去的调查问卷回收之后，对获得的数据进行信度分析。信度分析使用 SPSS 18.0，在这个软件中有 Reliability Analysis 模块，本书在对回收到的调查问卷结果进行信度分析时使用的是 Cronbach α 信度系数，分析结果见表 8-1 ~ 表 8-4。

表 8-1 　　　　　　　　　　财务指标可信度量表

Cronbach's Alpha	基于标准化项的 Cronbachs Alpha	项数
0.612	0.626	4

表 8-2 　　　　　　　　　　运营指标可信度量表

Cronbach's Alpha	基于标准化项的 Cronbachs Alpha	项数
0.604	0.634	8

表 8 - 3　　　　　　　　　　　　低碳指标可信度量表

Cronbach's Alpha	基于标准化项的 Cronbachs Alpha	项数
0.648	0.662	9

表 8 - 4　　　　　　　　　　　　总指标可信度量表

Cronbach's Alpha	基于标准化项的 Cronbachs Alpha	项数
0.723	0.675	21

在调查过程中，被调查的 21 家钢铁企业固废综合利用率都为 100%，没有区分度，所以在进行信度检验时只取了其他 9 个指标，所以最后的总指标信度分析是 21 个指标，在后面的分析及评价过程中，固废综合利用率也被排除。表 8 - 1 ~ 表 8 - 4，可以看出此次调查问卷的一致性信度系数 Cronbach α = 0.675，表明问卷结果在可接受范围内。问题数量设计、测试数目和统计方法等都会影响信度系数的大小，因此，目前还没有针对信度系数为多少属于信度较高统一权威的标准。通过查询与阅读现有文献，可知，信度系数值为 0.60 ~ 0.70 表示调查所获得的数据信度是比较好的；信度系数值为 0.70 ~ 0.80 表示调查所获得的数据信度是好的；信度系数值为 0.80 ~ 0.90 表示调查所获得的数据信度很好。综上所述，调查问卷的信度系数至少在 0.60 以上才能说明调查问卷信度好，若小于 0.60 则要重新修改问卷。

理论上说，所得信度值越高，测试的得分分布范围越广，需要测试的难度为 50% 左右。事实上，测试的难度为 50% 仅适用于调查问卷设置为简单型题目，洛德指出为了保证问卷的可靠性，在学习成绩中，各类选择题的理性平均难度大概为：是非题目为 0.85；三择一题目为 0.77；四择一题目为 0.74；五择一题目为 0.70。而本次问卷题项设置大部分为 8 项，因此，0.675 的信度系数较为满意，而且通过分析结果来看，并没有必要删减题项。总体来说，此次调查问卷的内部一致性较高。

8.3.2　数据描述性分析

1. 钢铁企业低碳指标

在本次调查问卷中，钢铁企业低碳指标用五个指标进行衡量：吨钢综合能耗、吨钢 COD 排放量、吨钢二氧化碳排放量、吨钢耗新水量、吨钢二氧化硫排放量，见表8－5，这五个指标基本上可以代表供应链核心钢铁企业的低碳程度。

表8－5 钢铁企业低碳指标频率频数统计表

指标	分类	频数	百分比/（%）
1. 贵企业 2016 年吨钢综合能耗	0～550（含550）	2	9.52
	550～580（含580）	2	9.52
	580～610（含610）	9	42.86
	610 以上	8	38.1
总数		21	100
2. 贵企业 2016 年吨钢二氧化硫排放量	0.5/（kg/t）以下（含0.5）	8	38.1
	0.5～1/（kg/t）（含1）	7	33.33
	1～1.5/（kg/t）（含1.5）	6	28.57
	1.5/（kg/t）以上	0	0
总数		21	100
3. 贵企业 2016 年吨钢 COD 排放量	0.02/（kg/t）以下（含0.02）	3	14.29
	0.02～0.04/（kg/t）（含0.04）	8	38.09
	0.04～0.06/（kg/t）（含0.06）	7	33.33
	0.06/（kg/t）以上	3	14.29
总数		21	100
4. 贵企业 2016 年吨钢二氧化碳排放量	1 以下（含1）	0	0
	1～2（含2）	7	33.33
	2～3（含3）	10	47.62
	3 以上	4	19.05
总数		21	100
5. 贵企业 2016 年吨钢新水能耗	2/（m³/t）以下（含2）	0	0
	2～3/（m³/t）（含3）	5	23.81
	3～4/（m³/t）（含4）	9	42.86
	4/（m³/t）以上	7	33.33
总数		21	100

从表8－5可以看出，在被调查的钢铁企业中，约80%以上的钢铁企业吨钢综合能耗在580以上，而只有约20%的企业在580以下，这说明我国钢铁企

业在生产过程中能源消耗量大，通过调查得出以下几点原因：一是低碳成本经济问题，如果企业因为能源消耗量大、污染严重等原因而减少生产，一方面会浪费多余的产能，另一方面不利于企业运营；二是我国钢铁企业的整体工序程度有必要进一步改善，尤其是中小型钢铁企业。

吨钢二氧化硫反映的是企业生产每吨钢排放二氧化硫的量，被调查的 21 家钢企中约 71% 的企业吨钢二氧化硫排放量小于 1，调查的这 21 家钢企符合国家环境保护行业标准中 ≤2kg/t 的二级标准，说明我国钢铁企业吨钢二氧化硫的排放量符合国家标准。但与发达国家相比，我国钢铁企业吨钢二氧化硫的排放量还属于高排放，2009 年日本钢铁企业的吨钢二氧化硫排放量仅为 0.4kg/t 左右，韩国浦项钢铁更低，为 0.14kg/t。因此，尽管经过这些年的努力，我国钢铁企业吨钢二氧化硫排放量不断降低，但是与发达国家仍然有很大差距。

废水当中含有多少量的有机物，经常使用 COD 来判断，如果水受到有机物的污染越厉害时，化学需氧量也会越多，吨钢 COD 排放量的数值也越大。在国家环境保护行业标准中，吨钢 COD 排放量小于 0.02kg/t 属于一级标准，通过调查发现，这 21 家钢企均在范围之内，说明钢铁企业对于减少水体中有机物的排放采取了很好的措施。

"贵企业 2016 年吨钢二氧化碳排放量"主要分布为 1~3，其中 2~3 这个区间的企业占比接近 50%，而国际钢铁协会对吨钢二氧化碳排放量的标准为 1.7 左右，所以与国际上的先进水平相比较，仍然有一些差距。

吨钢耗新水量国际先进水平在 $3m^3/t$，调查发现 2016 年这 21 家钢企只有 23.81% 吨钢耗新水量在小于 3 的范围内，如宝钢、唐钢等大型企业，绝大部分企业生产运营过程中耗新水量还很大。设想如果我国钢企的吨钢耗新水量可以降低到 $3m^3/t$ 以下，那么将会减少很多污染。

除了进行上述统计之外，本书还计算了这五个指标的均值、标准差、方差和极差，旨在统计钢企这些指标的平均水平、离散程度，以及最好与最差的企业之间的差距，见表 8 - 6。

表 8 - 6　　　　　　　　　钢铁企业低碳指标描述性统计

指标	极差	均值	标准差	方差
1. 贵企业 2016 年吨钢综合能耗	94.41	595.12	27.87	776.67
2. 贵企业 2016 年吨钢二氧化硫排放量	1.26	0.72	0.38	0.15
3. 贵企业 2016 年吨钢 COD 排放量	0.059	0.04	0.02	0.00037

续表

指标	极差	均值	标准差	方差
4. 贵企业 2016 年吨钢二氧化碳排放量	2.45	2.27	0.69	0.47
5. 贵企业 2016 年吨钢新水能耗	2.27	3.42	0.77	0.59

从表 8-6 可以看出，被调查的 21 家企业中，2016 年吨钢二氧化硫排放量和吨钢 COD 排放量的差距不是很大，但在吨钢综合能耗、吨钢二氧化碳排放量和吨钢耗新水量指标方面，21 家企业之间差距较大。从极差上看，做得最好的钢企吨钢综合能耗和做得最差的钢企出现接近五个划分区间，说明在这方面钢企之间优劣差距很大。其他指标的极差相差大概两个分区，差距还不算特别大。

2. 钢铁企业财务指标

企业的盈利效果如果较好，那么企业的声誉等各方面会有所提高，企业的社会责任感也会随之提升，这就促使企业去注意自身生产经营过程中的节能减排工作，减少对环境的污染程度，发展环境友好型工序及产品。

见表 8-7，从企业的盈利状况以及财务状况来看，超过 76% 的企业总资产收益率为 2 以上，超过 71% 的企业主营业务增长率为 0~5 的范围内，说明在目前国家推行去产能、推环保的大环境下，我国钢铁企业还是盈利的，但盈利能力有待进一步提高。但被调查的 21 家企业中有 2 家企业的总资产报酬率小于零，主营业务增长率小于 0 的有 4 家企业，说明被调查的这 21 家钢铁企业盈利稳定性和持久性都较低。同样，从表 8-8 可以看到，这 21 家的这两项指标之间差距还很大，说明企业发展不平衡，钢铁企业整体水平亟待提升。

表 8-7　　　　　　　　钢铁企业财务数据频数频率统计表

指标	分类	频数	百分比
1. 贵企业 2016 年总资产报酬率	1% 以下（含 1%）	3	14.29
	1%~2%（含 2%）	2	9.52
	2%~3%（含 3%）	11	52.38
	3% 以上	5	23.81
总数		21	100

指标	分类	频数	百分比
2. 贵企业 2016 年主营业务增长率	0 以下	4	19.05
	0 ~ 5%（含 5%）	8	38.1
	5% ~ 10%（含 10%）	7	33.33
	10% 以上	2	9.52
总数		21	100
3. 贵企业 2016 年资产负债率	60% 以下（含 60%）	3	14.29
	60% ~ 70%（含 70%）	7	33.33
	70% ~ 80%（含 80%）	7	33.33
	80% 以上	4	19.05
总数		21	100
4. 贵企业 2016 年环保投资	15 亿元以下（含 15 亿元）	14	66.67
	15 亿 ~ 25 亿元（含 25 亿元）	1	4.76
	25 亿元以上	6	28.57
总数		21	100

　　因为大量的大型机器设备在生产产品时要使用，钢铁企业属于高负债行业。从被调查的 21 家企业的统计结果可以看出，资产负债率集中为 60 ~ 80，超过 80% 的企业就有 4 家。表 8 - 8 显示出了这一指标在这些企业之间极大的差距。

　　与低碳直接相关的财务指标就是环保投资了，在对调查结果分析时发现，这些企业用在环保方面的投资普遍较低，集中在 15 亿元以下，也有 6 家企业环保投资超过 25 亿元。本书只分析了 2016 年这些企业的环保投资，有一定的局限性，比如建龙集团在 2009 年开始就大量进行环保投资，降低污染，这些年一直保持，所以近几年环保投资基本稳定在同一水平。但从表 8 - 8 也可以看到，这些企业环保投资的差距较大，环保投资是企业降低污染物排放的必然手段，投入资金越多，企业才能改进设备，加大研发及人才引进等，如果环保投资较少的企业也能提高环保投资，那么钢企对于减少环境污染会作出巨大贡献。

表 8 - 8 钢铁企业财务指标描述性统计表

指标	极差	均值	标准差	方差
1. 贵企业 2016 年总资产报酬率	3.5	2.21	1.08	1.16
2. 贵企业 2016 年主营业务增长率	23.87	3.85	5.32	28.33
3. 贵企业 2016 年资产负债率	35	68.76	9.56	91.39
4. 贵企业 2016 年环保投资	24.85	17.86	8.93	79.7

3. 钢铁企业供应链指标

通过查询以往文献及数据的可获得性，本书考虑了钢材产销率、存货周转率、供应商数目、大宗用料供应准时程度、低碳信息共享程度、分销商数目、顾客满意度、准时交货率及 R&D 投入率这 9 个钢铁企业供应链方面的指标，它们基本涵盖了供应商和分销商的各方面情况，见表 8 - 9。同时，大部分学者通过研究认为，钢铁企业在设计产品阶段应该把供应商考虑进来，这样可以更好地让供应商了解钢铁企业的需求，降低开发成本，使产品更适合市场需求。

表 8 - 9 钢铁企业供应链指标频数频率统计表

指标	分类	频数	百分比
1. 贵企业 2016 年钢材产销率	97% 以下（含 97%）	3	14.29
	97% ~98%（含 98%）	4	19.05
	98% ~99%（含 99%）	12	57.14
	99% 以上	2	9.52
总数		21	100
2. 贵企业 2016 年存货周转率	5 以下（含 5）	7	33.33
	5 ~10（含 10）	8	38.1
	10 以上	6	28.57
总数		21	100
3. 贵企业 2016 年大宗用料供应商有多少家	30 以下（含 30）	2	9.53
	30 ~35（含 35）	7	33.33
	35 ~40（含 40）	1	4.76
	40 以上	11	52.38
总数		21	100

续表

指标	分类	频数	百分比
4. 贵企业 2016 年大宗用料供应准时程度	准时	12	57.14
	比较准时	9	42.86
	不准时	0	0
总数		21	100
5. 贵企业 2016 年与供应商销售商低碳信息共享程度	频繁	0	0
	比较频繁	0	0
	不频繁	5	23.81
	非常不频繁	16	76.19
总数		21	100
6. 贵企业 2016 年主要分销商总数	30 及以下	3	14.29
	31 ~ 35	2	9.52
	36 ~ 40	3	14.29
	41 及以上	13	57.14
总数		21	100
7. 贵企业 2016 年顾客满意度	97% 以下（含 97%）	2	9.52
	97% ~ 98%（含 98%）	6	28.75
	98% ~ 99%（含 99%）	12	57.14
	99% 以上	1	4.76
总数		21	100
8. 贵企业 2016 年准时交货率	97% 以下（含 97%）	6	28.75
	97% ~ 98%（含 98%）	4	19.05
	98% ~ 99%（含 99%）	11	52.38
	99% 以上	0	0
总数		21	100
9. 贵企业 2016 年 R&D 投入率	1% 以下（含 1%）	0	0
	1% ~ 2%（含 2%）	13	57.14
	2% ~ 3%（含 3%）	8	38.1
	3% 以上	0	0
总数		21	100

表 8 - 9 显示，2016 年这 21 家钢企钢材产销率为 98% ~ 99% 的有 12 家，占比 57.14%，总体来看，钢材产销率是比较高的，说明我国钢企生产的产品基本符合社会现实需要。但产销率数值都小于 100%，这也表明往期的存货没有被销售出去。另外，调查发现存货周转率普遍偏低，这也符合钢铁行业的特点，即产品流动比较慢，资产变现能力较差，未来钢铁企业可以多进行市场调研，获取和开发顾客的需求，根据需求调整生产计划，更好地减少库存适应市场，从而降低资源消耗。其中有 12 家供应链核心钢企的供应商大宗原料都能准时供应，说明这些钢企与其上游供应商之间沟通良好，节点企业之间运行良好。这方面，在未来企业应当继续加强合作，多交流，促进大宗原材料的准时供应程度。此外，在这方面做得不好的企业，可以借鉴做得好的企业的经营，积极改进。同时，供应链核心钢企对分销商的需求也能及时响应，从表 8 - 9 可以看出，准确交货率都大多在 97% 以上，其中 98% ~ 99% 范围内占比 52.38%，表示被调查的 21 家钢铁企业的供应商，基本能够按照钢铁企业的需要和要求配送原材料。在顾客满意度方面，满意度在 97% 以下的仅有两家，超过 85% 的供应链核心钢企的顾客满意度为 97% ~ 99%，只有 1 家钢企的顾客满意度在 99% 以上，理论上讲，满足顾客的需求是企业生产产品的目的，但现在顾客满意度并不是很高，顾客收到产品但对产品并非百分之百满意，说明在顾客满意度方面，企业未来还需进一步提高。

本次对供应链企业之间的低碳信息分析程度进行了调查，低碳信息涉及低碳运输，包括水运、铁路运输等；废弃物处置的技术、废弃物回收使用的技术；低碳能源包括风力发电等方面的信息。调查发现企业之间不共享这些信息，也没有共享的渠道和机制，反映出供应链上的企业之间在这一方面不进行协同合作，通过与企业相关负责人了解，目前还没有低碳信息共享的渠道，而且在减少污染方面没有建立起供应链上的合理环保分摊机制，所以企业都只关注自己的利益，但这不利于供应链低碳化的建立。说明在协调治理污染减少环境影响方面，还不能与供应商、分销商共同解决，与供应链成员间的合作程度低。但大部分企业认为，钢企与供应商和分销商建立低碳信息共享是不太可能实现的，责任没办法划分，也没有办法进行监督。

从表 8 - 10 可以看出，在钢材产销率、大宗用料供应准时程度、核心钢企供应商、销售商低碳信息共享程度及 R&D 投入率方面，被调查的 21 家企业之间差距很小，说明在这些方面这些钢企的水平差不多。21 家企业在存货周转率、顾客满意度和准确交货率方面有一些差距，表现最好的企业与表现最差的企业也有一定差距，但差距较小。在存货周转率、大宗用料供应商数量和主要分销商数量方面，这21家企业之间差距较大，主要是因为企业规模的大小及企业知名度的大小，都会影响企业供应商和分销商的数量。存货周转率差距较大，说明有些企业对市场需求不是很清楚，无法及时响应顾客差异化需求，库存积压大，消耗资源，增加污染物排放。

表 8 - 10　　　　　　　　钢铁企业供应链指标描述性统计表

指标	极差	均值	标准差	方差
1. 贵企业 2016 年钢材产销率	3.04	98.06	0.88	0.78
2. 贵企业 2016 年存货周转率	12.24	7.48	3.81	14.4
3. 贵企业 2016 年大宗用料供应商有多少家	17	37.43	9.22	85.6
4. 贵企业 2016 年大宗用料供应准时程度	1	1.43	0.51	0.26
5. 贵企业 2016 年与供应商、销售商低碳信息共享程度	1	1.76	0.44	0.19
6. 贵企业 2016 年主要分销商总数	32	41.52	10.97	120.26
7. 贵企业 2016 年顾客满意度	2.72	97.6	2.69	7.24
8. 贵企业 2016 年准确交货率	12	97.21	2.51	6.28
9. 贵企业 2016 年 R&D 投入率	1.4	1.82	0.43	0.19

4. 提升供应链运行效率和低碳化水平措施重要程度排序

在调查问卷中，共列出6个选项，让钢铁企业选择将来贵企业计划采取哪些措施提升供应链低碳化水平，并按照重要程度对选择的措施排序，如认为投入资金加强技术研发，包括生产设备及工序和回收废弃物相关技术研发非常重要，在括号中标注（1），以此类推。

从统计结果来看，认为未来提升供应链运行效率和低碳化水平的措施重要程度排序为：投入资金加强技术研发，包括生产设备及工序和回收废弃物相关技术研发；细化供应商选择的标准，增强协同管理，对供应商的采购、生产、物流、设计、项目管理等方面设立相关标准，按照标准择优选取供应商；实现规定好一个时间，可以派人到供应商那里抽查原材料；与供应商、分销商开展合作，协同进行采购、生产、运输和销售；制定物流操作环节的规范、标准和要求，尽可能使运输过程中的碳排放降到最低；增加与主要的一些供应商和分销商与低碳相关的一些信息分析的频繁度。说明，目前钢铁企业生产工序水平较低，相应的回收废弃物的技术和设施不足，在与供应商和分销商协同合作制订采购计划、了解市场需求，从而调整生产计划方面缺失，与供应链成员企业协同不够，在未来供应链的管理方面需要进一步加强。同时，大部分钢铁企业认为"制定物流操作环节的规范、标准和要求，尽量减少运输过程中的碳排放量"和"加强与主要供应商和分销商的低碳信息共享程度"难实行，一方面是因为难以监督和测定，另一方面是如果没有对供应链上下游企业的相应补偿，供应商和分销商为了追逐利益，会放弃信息共享。

8.3.3　数据无量纲化处理

8.3.2 节指标体系既包含相对指标也包括绝对指标，所以各个指标之间不能直接进行比较，因此，在进行评价之前，将收集到的数据无量纲化，这样才能用于研究，本书使用的是极差变换法。

正向指标的处理公式为

$$y_{ij} = \frac{x_{ij} - x_{\min(i)}}{x_{\max(i)} - x_{\min(i)}} \qquad (8-5)$$

负向指标的处理公式为

$$y_{ij} = \frac{x_{\max(i)} - x_{(ij)}}{x_{\max(i)} - x_{\min(i)}} \qquad (8-6)$$

式中，x_{ij}代表的是第 i 个企业第 j 个指标的原始值；$x_{\max(i)}$代表的是第 j 列指标数据值最大的；$x_{\min(i)}$代表的是第 j 列指标数据值最小的。

通过以上公式的转换，所有指标的数据值 x_{ij} 就全部变换成了 y_{ij}，y_{ij}的取值范围是 [0，1]。

8.4　本 章 小 结

本章节详细介绍了以钢铁企业为供应链核心，选取和确定钢铁企业低碳供应链绩效评价的指标和相应的数据，并对回收的调查问卷数据进行信度分析和描述性统计，最后进行无量纲化处理，以便后面作评价使用。

第9章

钢铁企业低碳供应链绩效评价

9.1 钢铁企业低碳供应链绩效评价方法

9.1.1 突变级数法基本模型及优势分析

1. 突变级数法基本模型

（1）突变模型分叉集方程。状态变量和控制变量是突变系统中的两种主要变量，突变理论操作主要基于这两种变量开展。状态变量 x 可以代表系统的行为状态，控制变量 a 可以代表系统内的每一个因素，这些因素之间会相互影响，体系的行为状态是受所有的控制变量集体决定的。在突变级数法评价过程中，常涉及的突变类型有尖点突变、燕尾突变、蝴蝶突变和棚屋突变四种，其中尖点突变、燕尾突变和蝴蝶突变属于初等突变类型，而棚屋突变（印第安茅舍突变）所对应的控制变量个数为5，它不属于初等突变范畴，因而在各类突变研究中运用相对较少，但在突变级数法中运用较多。上述四种常用突变系统类型的势函数表达式如下所示。

尖点突变：$f(x) = x^4 + ax^2 + bx$ （9-1）

燕尾突变：$f(x) = x^5 + ax^3 + bx^2 + cx$ （9-2）

蝴蝶突变：$f(x) = x^6 + ax^4 + bx^3 + cx^2 + dx$ （9-3）

棚屋突变：$f(x) = x^7 + ax^5 + bx^4 + cx^3 + dx^2 + ex$ （9-4）

对上述各式进行一阶求导处理，即令 $f'(x) = 0$，求解出各类突变模型的平衡曲面方程，它是所对应突变系统内有所临界点的集合。接着对平衡曲面方程再次求导，即令 $f''(x)=0$，可得到各突变类型的奇点集方程。基于以上方程运算结果，就可以求解出突变系统的分叉集方程，即把一阶导数求得的平衡曲面方程与二阶导数求得的奇点集方程结合起来展开计算，把状态变量 x 替换掉，就可以得到，这部分研究内容属于突变理论的重点。对分叉集方程进一步分解，求解出分叉集方程的分解形式，这是突变归一化公式推导的基础，各突变系统对应分解形式的分叉集方程（孟凡生和李美莹，2012）为

$$\text{尖点突变：} a=-6x^2, \ b=8x^3 \tag{9-5}$$

$$\text{燕尾突变：} a=-6x^2, \ b=8x^3, \ c=-3x^4 \tag{9-6}$$

$$\text{蝴蝶突变：} a=-10x^2, \ b=20x^3, \ c=-15x^4, \ d=4x^5 \tag{9-7}$$

$$\text{棚屋突变：} a=-x^2, \ b=2x^3, \ c=-2x^4, \ d=4x^5, \ e=-5x^6 \tag{9-8}$$

（2）导出突变归一化公式。通过对上述 4 种常见的突变系统类型分解形式下的分叉集方程展开计算，可以计算出各类突变模型的归一化公式。各种不一样质态的控制变量被包含在目标系统的内部，借助归一化公式，能够将它们都变换为用一个状态变量代表的质态。运用突变归一化公式对指标体系内的各层次指标进行递归计算，最终可得到一个表示系统状态特征的总突变隶属函数值，而突变级数法正是依据总突变隶属函数值的大小对目标进行综合评估。

下面推导其中一种突变类型尖点突变的归一化公式（朱龙轶，2013）。

首先，将分解形式下的分叉集方程变换可得

$$x_a=\sqrt{-\frac{a}{6}}, \ x_b=\sqrt[3]{\frac{b}{8}} \tag{9-9}$$

式中，x_a 表示所对应 a 的 x 值，x_b 表示所对应 b 的 x 值。

其次，将模糊数学隶属函数与式（9-9）相结合，使控制变量与状态变量的值的取值范围在 $[0,1]$ 这个区间内。因此，令 $a=-6a'$，$b=8b'$，可得 $x_a=\sqrt{a'}$，$x_b=\sqrt[3]{b'}$；从而将 a'、b' 和 x 的值的取值范围为 $[0,1]$。经上述分析，求解出 $x_a=\sqrt{a}$，$x_b=\sqrt[3]{b}$ 即为尖点突变的归一化公式。用同样的计算原理，可以计算出其他几种突变类型的归一化公式。

四种常见突变系统类型突变归一化公式推导结果见表 9-1（陈伟，杨早立，周文，朗益夫，2015）。

表 9 – 1　　　　　　　　　　常用突变模型控制变量和状态变量关系示意图

突变类型	状态维度	控制维度	归一化公式
尖点突变	1	2	$x_a=\sqrt{a}$, $x_b=\sqrt[3]{b}$
燕尾突变	1	3	$x_a=\sqrt{a}$, $x_b=\sqrt[3]{b}$, $x_c=\sqrt[4]{c}$
蝴蝶突变	1	4	$x_a=\sqrt{a}$, $x_b=\sqrt[3]{b}$, $x_c=\sqrt[4]{c}$, $x_d=\sqrt[5]{d}$
棚屋突变	1	5	$x_a=\sqrt{a}$, $x_b=\sqrt[3]{b}$, $x_c=\sqrt[4]{c}$, $x_d=\sqrt[5]{d}$, $x_e=\sqrt[6]{e}$

每一种突变类型，代表了评价目标体系被分解成包含几个指标。如果是尖点突变模型，那么就被分解为含有两个控制维度的指标，a 和 b 的确定根据指标对于目标系统的重要性。如果与 b 相比较，a 对应的指标更加重要，那么 a 被理解为是决定目标系统的主要影响因子。

2. 突变级数法优势分析

在现有文献对绩效评价进行研究时，经常使用的方法包括层次分析法、数据包络分析法和模糊综合评价法等。前两种方法需要人为对指标分配权重，受被调查者经验、认识等随机性的影响，可能会造成评价结果不理想。数据包络分析法不需要专家对指标赋权，具有一定的客观性，但在建立模型过程中，需要人为对输入输出指标进行划分，指标划分不同，结果也会有所差异。

本书使用的是突变级数法，它分解评估目标的各层次指标，其次根据每层指标数量的多少确定突变模型，并使用归一化公式来计算每个维度，最后根据下一级指标的归一化结果计算出上一层指标的归一化结果，最终实现综合评价目标主体。选择突变级数法作为本书评估方法有以下几点原因。

首先，突变级数法可以很好地将定性指标和定量指标都考虑进去进行计算，使得评估的结果更加的科学和合理；其次，针对钢铁企业的低碳供应链展开绩效评价时，整个指标体系中包含众多个指标，而且这些指标不止是一个层次的，所以整个评价相对来说很综合。对总评估目标进行多层级的矛盾分解是突变级数法的主要特点，同时不对评估指标设置权重是突变级数法最大的优点，相反，在进行计算之前，需要确定每个指标的相对重要性，完美地结合了定性和定量分析，在减少主观性的同时，能够在一定程度上保障评价结果的科学性、准确性和客观性。

因此，本书在学习突变理论相关文献之后，选取突变级数法计算绩效得分，进行评估。具体评估过程为：第一，建立较为完整的绩效评价的指标体系；第二，对问卷收集到的数据进行无量纲化计算；第三，依据每一层含有多少个指标，选择相应的突变模型，对各层指标进行重要性排序，明确应该使用的归一化公式；第四，在运用归一化公式进行计算时，使用无量纲化处理之后的数据，最后展开综合评价；第五，对评价的结果展开详细分析。

9.1.2 熵权法

在对各项指标进行突变级数模型归一化处理之前，需要对各项指标进行重要性排序，只有这样才能确定每项指标应该用哪一个归一化公式，即若 a，b 指标的重要性为 $a > b$，则归一化公式为 $X_a = a^{1/2}$，$X_b = b^{1/3}$。通过查阅以往文献，在进行突变级数归一化之前都是人为确定各指标的重要性排序，具有主观性，为了避免这种主观性，本书运用熵权法确定各指标重要性排序。

熵值经常被用在信息论中，该值是用来衡量信息有多大的无序化水平，也能计算出有多少信息量。主要包括以下计算步骤。

（1）假设有 m 个评价对象，与之相对应的有 n 个评价指标，建立矩阵 R 进行判断

$$R = (r_{ij}) m \times n \quad (i = 1, 2, \cdots, m; j = 1, 2, \cdots, n) \qquad (9-10)$$

式中，被评估第 i 个对象的第 j 个评估指标的实测值用 r_{ij} 表示。

（2）对矩阵 R 进行归一化后得到矩阵 A。

（3）依据传统的熵定义各指标的熵

$$H_j = -\frac{\sum_{i=1}^{m} f_{ij} \ln f_{ij}}{\ln m} \quad (i = 1, 2, \cdots, m; j = 1, 2, \cdots, n) \qquad (9-11)$$

式中，$\ln f_{ij} = \dfrac{1 + a_{ij}}{\sum_{i=1}^{m} (1 + a_{ij})}$。

（4）计算各项指标的熵权

$$W = (w_j) 1 \times n, \ w_j = \left(1 - \sum_{j=1}^{n} H_j\right)，且满足$$

$$\sum_{j=1}^{n} w_j = 1 \qquad (9-12)$$

9.1.3 各层指标突变模型及归一公式确定

在明确相应的归一化公式之前，需要确定选择哪种突变类型。蝴蝶突变模型是指这一层有四个指标；燕尾突变模型是指这一层指标有三个；尖点突变模

型是指这一层有两个指标。本书将绩效评价的 23 个指标分为三级,每一级指标下都包含若干子指标,依据9.1.2节阐述的突变类型及选择的依据和相应的归一化公式,每一级指标所属以下突变模型。

首先是第一层指标,包含三个指标,分别为财务指标、运营指标及低碳指标,故该层次指标所对应的突变模型为燕尾突变,如图9-1所示。

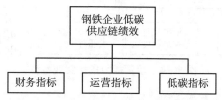

图9-1 钢铁企业低碳供应链突变模型

其对应的归一公式为

$$X_a = a^{1/2} \quad X_b = b^{1/3} \quad X_c = c^{1/4} \tag{9-13}$$

其次是二级指标,共三方面,第一方面是财务绩效,包含四个子指标,分别为总资产报酬率、主营业务增长率、资产负债率和环保投资,属于蝴蝶突变,如图9-2所示。

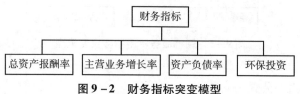

图9-2 财务指标突变模型

其对应的归一公式为

$$X_a = a^{1/2} \quad X_b = b^{1/3} \quad X_c = c^{1/4} \quad X_d = d^{1/5} \tag{9-14}$$

第二方面是运营绩效,这级指标包括运营能力指标、客户服务水平指标和创新能力指标三个子指标,属于燕尾突变,如图9-3所示。

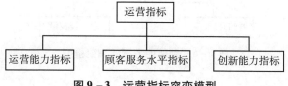

图9-3 运营指标突变模型

其对应的归一公式为

$$X_a = a^{1/2} \quad X_b = b^{1/3} \quad X_c = c^{1/4} \quad (9-15)$$

运营能力指标包括钢材产销率、低碳信息共享程度、大宗原材料即时供应能力和存货周转率四个指标，属于蝴蝶突变，如图9-4所示。

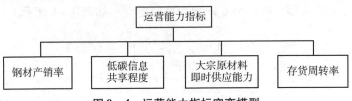

图9-4 运营能力指标突变模型

其对应的归一公式为

$$X_a = a^{1/2} \quad X_b = b^{1/3} \quad X_c = c^{1/4} \quad X_d = d^{1/5} \quad (9-16)$$

顾客服务水平指标包括顾客满意度和准确交货率两个指标，属于尖点突变，如图9-5所示。

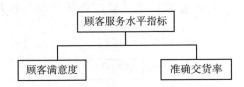

图9-5 顾客服务水平指标突变模型

其对应的归一公式为

$$X_a = a^{1/2} \quad X_b = b^{1/3} \quad (9-17)$$

创新能力指标包括R&D投入率和专利授权量两项指标，属于尖点突变，如图9-6所示。

图9-6 创新能力指标突变模型

其对应的归一公式为

$$X_a = a^{1/2} \quad X_b = b^{1/3} \quad (9-18)$$

第三方面是低碳指标，包含三个指标，分别为资源消耗指标、环保指标和节能减排指标，属于燕尾突变，如图9－7所示。

图9－7　低碳指标突变模型

其对应的归一公式为
$$X_a = a^{1/2} \quad X_b = b^{1/3} \quad X_c = c^{1/4} \tag{9-19}$$
其中，吨钢综合能耗和吨钢耗新水量两项指标属于二级指标资源消耗指标，属于尖点突变，如图9－8所示。

图9－8　资源消耗指标突变模型

其对应的归一公式为
$$X_a = a^{1/2} \quad X_b = b^{1/3} \tag{9-20}$$
环保指标包括吨钢二氧化碳排放量、吨钢二氧化硫排放量和吨钢 COD 排放量三项指标，属于燕尾突变，如图9－9所示。

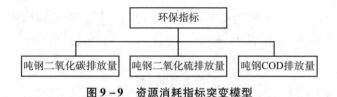

图9－9　资源消耗指标突变模型

其对应的归一公式为
$$X_a = a^{1/2} \quad X_b = b^{1/3} \quad X_c = c^{1/4} \tag{9-21}$$
节能减排指标包括烟尘排放增长率、粉尘排放增长率、废气排放增长率、水重复利用率和固体废弃物综合利用率五项指标，其中固废综合利用率都是100%，在此不考虑，因此属于燕尾突变，如图 9 - 10 所示。

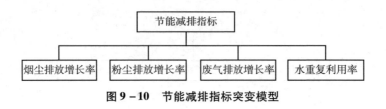

图 9 - 10　节能减排指标突变模型

其对应的归一公式为

$$X_a = a^{1/2} \quad X_b = b^{1/3} \quad X_c = c^{1/4} \quad X_d = d^{1/5} \qquad (9-22)$$

在计算过程中，依据以下原则确定指标间关系：如果控制变量在同一纬度，且具有明显的相互关联性，也就是说，对于状态变量而言，各个控制变量起互相补足的作用，那么可以认为这个维度的控制变量是"互补"类型的，所有控制变量所对应数值的平均值就是状态变量的数值；如果同一纬度的各个控制变量相互关联性不明显，那么可以认为这个维度的控制变量是"非互补"类型的，按照控制变量的数值大小，以"大中取小"的原则确定状态变量的数值，也就是说，状态变量的取值是这些控制变量数值中最小的那个值。

9.2　钢铁企业低碳供应链绩效评价实证

9.2.1　指标重要性排序

根据 8.3.3 中对 21 家企业无量纲化处理的结果，使用熵权法，计算各指标的权重，见表 9 - 2 至表 9 - 4。

表 9 - 2　　　　　　　　　　　　　　　财务指标权重

财务指标 0.993			
总资产报酬率	主营业务增长率	资产负债率	环保投资
0.9933	0.9934	0.9928	0.9942

表 9 – 3　　　　　　　　　　　　　运营能力指标权重

运营指标 0.995							
运营能力指标 0.9883				顾客服务指标 0.9978		创新指标 0.9945	
钢材产销率	存货周转率	低碳信息共享程度	大宗原材料准时供应能力	顾客满意度	准时交货率	R&D 投入率	专利授权量
0.9950	0.9927	0.9826	0.9829	0.9978	0.9977	0.9946	0.9944

表 9 – 4　　　　　　　　　　　　　低碳指标权重

低碳指标 0.994								
资源消耗指标 0.9933		环保指标 0.9916			节能减排指标 0.9961			
吨钢综合能耗	吨钢耗新水能耗	吨钢二氧化碳排放量	吨钢二氧化硫排放量	吨钢 COD 排放量	烟尘排放增长率	粉尘排放增长率	废气排放增长率	水重复利用率
0.9946	0.9919	0.9944	0.9916	0.9923	0.9971	0.9961	0.9978	0.9979

从表 9 – 2 ～ 表 9 – 4 可以看出，财务指标的重要性排序为：环保投资 > 主营业务增长率 > 总资产报酬率 > 资产负债率；运营能力指标的重要性排序为：钢材产销率 > 存货周转率 > 大宗原材料准时能力 > 低碳信息共享程度；顾客服务指标中的顾客满意度指标比准时交货率要重要一些；创新指标中 R&D 投入率要比专利授权量重要一些；资源消耗指标中吨钢综合能耗要比吨钢耗新水量重要一些；在环保指标中，最为重要的是吨钢二氧化碳排放量，其次是吨钢 COD 排放量，最后是吨钢二氧化硫排放量；节能减排指标的重要性排序为：水重复利用率 > 废气排放增长率 > 烟尘排放增长率 > 粉尘排放增长率。

9.2.2　综合评价及结果分析

运用公式（9 – 13）～公式（9 – 22）计算各个指标的效率值。

首先，计算财务指标的绩效得分。包括环保投资 C_1、主营业务增长率 C_2、总资产报酬率 C_3 和资产负债率 C_4 四个指标，指标间为互补型，且属于蝴蝶突变。

$$X_a = a^{1/2} = 0.8664^{1/2} = 0.931$$

$$X_b = b^{1/3} = 0.561^{1/3} = 0.825$$

$$X_c = c^{1/4} = 0$$

$$X_d = d^{1/5} = 0.2857^{1/5} = 0.778$$

当指标间属于"互补"型时，需要依照求均值原则，对财务指标 B_1 有

$$X_{B_1} = (X_a + X_b + X_c + X_d)/4 = 0.634$$

其二级指标财务指标 $X_{A1} = X_{B_1} = 0.634$

钢材产销率 C_5、存货周转率 C_6、大宗原材料即时供应能力 C_7 和低碳信息共享程度 C_8 四个指标，为互补型，且属于燕尾突变

$$X_a = a^{1/2} = 0.082^{1/2} = 0.286$$

$$X_b = b^{1/3} = 0.5507^{1/3} = 0.82$$

$$X_c = c^{1/4} = 1$$

$$X_d = d^{1/5} = 0$$

当指标间属于"互补"型时，需要依照求均值原则，对运营能力指标 B_2 有

$$X_{B_2} = (X_a + X_b + X_c + X_d)/4 = 0.527$$

顾客满意度 C_9 和准确交货率 C_{10} 两个指标，属于尖点突变，且是互补型

$$X_a = a^{1/2} = 0.916^{1/2} = 0.957$$

$$X_b = b^{1/3} = 0.935^{1/3} = 0.978$$

当指标间属于"互补"型时，需要依照求均值原则，对顾客服务水平指标 B_3 有

$$X_{B_3} = (X_a + X_b)/2 = 0.968$$

R&D 投入率 C_{11} 和专利授权量 C_{12} 两个指标，为互补型，且属于尖点突变（R&D 投入越多，一定程度上专利授权量越高）

$$X_a = a^{1/2} = 0.2857^{1/2} = 0.535$$

$$X_b = b^{1/3} = 0.3580^{1/3} = 0.710$$

当指标间属于"互补"型时，需要依照求均值原则，对创新能力指标 B_4 有

$$X_{B_4} = (X_a + X_b)/2 = 0.623$$

运营指标、顾客服务指标及创新能力指标相互独立，且排序为运营指标 > 顾客服务指标 > 创新指标，所以，其二级指标运营能力指标 X_{A2} 为

$$X'_a = X_{B2}^{1/2} = 0.527^{1/2} = 0.726$$

$$X'_b = X_{B3}^{1/3} = 0.968^{1/3} = 0.989$$

$$X'_c = X_{B4}^{1/4} = 0.623^{1/4} = 0.888$$

则有 $X_{A2} = \min(X'_a, X'_b, X'_c) = 0.726$

吨钢综合能耗 C_{13} 和吨钢耗新水量 C_{14} 两个指标, 属于尖点突变, 且是互补型。

$$X_a = a^{1/2} = 0.4513^{1/2} = 0.672$$
$$X_b = b^{1/3} = 0.9619^{1/3} = 0.987$$

当指标间属于"互补"型时, 需要依照求均值原则, 对资源消耗指标 B_5 有

$$X_{B_5} = (X_a + X_b)/2 = 0.829$$

吨钢二氧化碳排放量 C_{15}、吨钢 COD 排放量 C_{16} 和吨钢二氧化硫排放量 C_{17} 三个指标, 为互补型, 属于燕尾突变

$$X_a = a^{1/2} = 0.7347^{1/2} = 0.857$$
$$X_b = b^{1/3} = 0$$
$$X_c = c^{1/4} = 0.3051^{1/4} = 0.734$$

当指标间属于"互补"型时, 需要依照求均值原则, 对环保指标 B_6 有

$$X_{B_6} = (X_a + X_b + X_c)/3 = 0.533$$

水重复利用率 C_{18}、废气排放增长率 C_{19}、烟尘排放增长率 C_{20}、粉尘排放增长率 C_{21} 四个指标, 属于燕尾突变, 且为互补型。

$$X_a = a^{1/2} = 0.9946^{1/2} = 0.997$$
$$X_b = b^{1/3} = 0.9283^{1/3} = 0.976$$
$$X_c = c^{1/4} = 0.779^{1/4} = 0.94$$
$$X_d = d^{1/5} = 0.5520^{1/5} = 0.888$$

当指标间属于"互补"型时, 需要依照求均值原则, 对节能减排指标 B_7 有

$$X_{B_7} = (X_a + X_b + X_c + X_d)/4 = 0.950$$

资源消耗指标、环保指标和节能减排指标之间是互补型, 相互影响, 且排序为节能减排指标 > 资源消耗指标 > 环保指标, 所以低碳指标 X_{A3} 为

$$X'_a = X_{B7}^{1/2} = 0.950^{1/2} = 0.975$$
$$X'_b = X_{B5}^{1/3} = 0.829^{1/3} = 0.939$$
$$X'_c = X_{B6}^{1/4} = 0.533^{1/4} = 0.854$$

则有二级低碳指标 $X_{A3} = (X'_a + X'_b + X'_c)/3 = 0.923$

财务指标、运营指标和低碳指标之间相互影响, 比如环保投资加大, 则二氧化硫排放量会相应降低, 且指标排序为运营指标 > 低碳指标 > 财务指标, 所以钢企低碳供应链绩效 A 为

$$X''_a = X_{A2}^{1/2} = 0.726^{1/2} = 0.852$$

$$X_b'' = X_{A3}^{1/3} = 0.923^{1/3} = 0.974$$

$$X_c'' = X_{A1}^{1/4} = 0.634^{1/4} = 0.892$$

则有总目标 $A = (X_a'' + X_b'' + X_c'')/3 = 0.906$

同理可得其他 20 家钢铁企业的低碳供应链效率，见表 9-5。

从表 9-5 中我们可以得知，绩效得分在 0.9 以上的有 11 家，说明在所调查钢铁企业中，表现良好的企业占大多数。综合绩效的得分大小并不一定能够反映所有情况，得分低的企业其低碳绩效和运营绩效得分并不一定就低。

表 9-5　　　　　　　　　钢铁企业低碳供应链绩效评价得分表

企业	财务指标	运营指标	低碳指标	综合绩效
1	0.838	0.805	0.823	0.930
2	0.768	0.765	0.802	0.844
3	0.691	0.835	0.912	0.932
4	0.829	0.848	0.764	0.930
5	0.699	0.817	0.799	0.828
6	0.822	0.697	0.935	0.922
7	0.687	0.774	0.923	0.921
8	0.737	0.728	0.930	0.919
9	0.739	0.762	0.848	0.886
10	0.709	0.768	0.861	0.905
11	0.926	0.594	0.912	0.907
12	0.633	0.726	0.923	0.906
13	0.658	0.706	0.915	0.904
14	0.792	0.618	0.835	0.850
15	0.447	0.838	0.924	0.902
16	0.736	0.658	0.859	0.896
17	0.605	0.693	0.719	0.870
18	0.720	0.647	0.816	0.825
19	0.758	0.622	0.806	0.819
20	0.744	0.608	0.737	0.784
21	0.631	0.332	0.737	0.790

通过观察低碳指标绩效得分，如图9－11所示，可以看出，被调查的21家企业中在低碳方面做得较好的企业低碳指标绩效得分在0.92以上，做得较差在0.737，与表现良好的企业差距较大，在未来的生产经营过程中，需进一步提高。在供应链运营方面，整体表现不良好，低碳供应链的核心企业——钢铁企业，在日常的生产经营过程中，与其上下游企业之间联系不紧密、合作很少。从图9－12可知，运营指标绩效得分最高只有0.848，表现最差的企业为0.332，表现好的企业得分都在0.8以上。说明目前，我国钢铁企业在与供应链上下游企业协调生产这方面做得不够，没有与上下游企业进行交流和共享，互相是分离的。在未来的生产经营过程中，这些企业可以建立信息共享渠道，比如云盘等；建立定期交流的平台，比如定期与供应商和分销商一起探讨材料运输过程中都有哪些环节可以节约成本、减少资源利用等，通过增加其与上下游企业之间的联系频繁度与信息共享次数，可以提高供应链运行效率，更好地为企业服务。

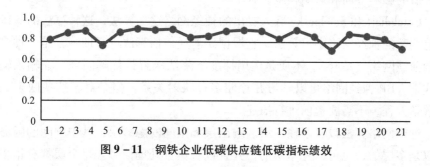

图9－11　钢铁企业低碳供应链低碳指标绩效

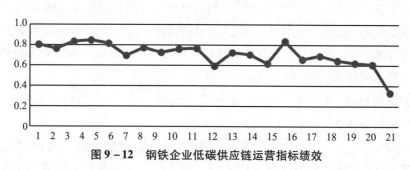

图9－12　钢铁企业低碳供应链运营指标绩效

综合各项指标，即综合得分和各项二级指标来看，总绩效得分好的企业在供应链协调或者低碳方面做得并不一定是最好的，所以在分析企业低碳供应链未来改进方向时，在参考总绩效得分的同时还应该考虑供应链协调绩效得分和低碳绩效得分。

9.3 低碳供应链各绩效评价指标对综合绩效的影响分析

9.3.1 BP – MIV 法

用于绩效评价的每一个指标对绩效值均产生影响，但是究竟指标对绩效值影响多少、哪些指标的影响水平更大其实不明确。因此，本书使用平均影响值（Mean Impact Value，MIV）法进行识别，这种方法是 BP（Back Propagation）神经网络中的一种，计算 9.2 节确定的绩效评价指标体系中，各个指标对最终绩效值的影响方向和影响程度。

Rumlehart 和 Smolensky 等人提出的神经网络这一算法，这种算法的基础是误差调整的神经网络学习算法，它根据误差逆传播算法进行训练，是一种多层次的前馈网络（1986），本质是运用梯度下降法求解最优解问题。在输入输出模式下，BP 神经网络可以学习并存储多种映射关系，但是对于这些映射关系的数学方程，不需要提前进行描述。

这个网络算法设置了输入层、输出层和中间的隐藏层，其中中间的隐藏层可以是多层的，也可以是单层的，并且该层负责处理信号。每个层都有很多的神经元，这些神经元用于接收信号。当有外部信号进来时，先到输入层，再到中间的隐藏层，隐藏层把信号处理之后，最后传递给输出层，输出层负责把这些信号进行进一步处理之后，传递给外部。具体包括以下算法（齐龙瑜，2007）。

令输入向量为：$\boldsymbol{x} = (x_1, x_2, \cdots, x_n)^T$

输出向量为：$\boldsymbol{o} = (o_1, o_2, \cdots, o_l)^T$

预期的输出为：$\boldsymbol{d} = (d_1, d_2, \cdots, d_l)^T$

$\boldsymbol{u} = (u_1, u_2, \cdots, u_j, \cdots, u_n)^T$ 为输入层与隐藏层之间的权值矩阵，其中，第 j 隐藏层神经元与权向量 u_j 对应，第 i 个输入层神经元到第 j 隐藏层神经元与权值 u_{ij} 对应。

$\boldsymbol{v} = (v_1, v_2, \cdots, v_k, \cdots, v_l)^T$ 为隐藏层与输出层之间的权值矩阵，其中，第 k 输出层神经元与权向量 v_k 对应，第 j 个隐藏层神经元到第 k 输出层神经元与权值 v_{jk} 对应。

可以用以下公式来描述每个层信号之间的关系，输出层的计算公式为

$$o_k = g(n_k), \quad k = 1, 2, \cdots, l \tag{9-23}$$

$$n_k = \sum_{j=0}^{m} v_{jk} y_j, \quad k = 1, 2, \cdots, l \tag{9-24}$$

隐藏层的计算公式为

$$Dv_{jk} = f(d_k - o_k) o_k (1 - o_k) y_j \tag{9-25}$$

$$Du_{ij} = f \left\{ \sum_{k=1}^{l} \left[(d_k - o_k) o_k (1 - o_k) v_{jk} \right] \right\} y_j (1 - y_j) x_i \tag{9-26}$$

$$y_j = g(n_j), \quad j = 1, 2, \cdots, m \tag{9-27}$$

式中，函数为单极性 Sigmoid 函数：$g(x) = \dfrac{1}{1 + e^{-x}}$

以上所用公式一起组成了单隐藏层前馈网络拓扑结构的数学模型。如果输出层最后输出的结果和事前的期望结果不一致，说明输出是有误差的，该误差用 E 表示，可以把 E 表示为

$$E = \frac{1}{2} \sum_{k=1}^{l} \left[d_k - g(n_k) \right]^2 = \frac{1}{2} \left[d_k - g \sum_{i=1}^{n} (v_{jk} y_j) \right]^2 \tag{9-28}$$

可见，在三层前馈网络模型中，输入层到隐藏层、隐藏层到输出层权值 u_{ij}、v_{jk} 与输入误差成函数关系。所以，误差 E 的减小可以通过调整权值来实现，若权值正向调整，则误差的负梯度也正向变化，即

$$\Delta v_{jk} = -\eta \frac{\delta E}{\delta v_{jk}}, \quad j = 1, 2, \cdots, m; \quad k = 1, 2, \cdots, l \tag{9-29}$$

式中，学习速率用 $\eta \in (0, 1)$ 表示。

根据这种思路进行调整，BP 学习算法中调整后的三层前馈网络的权值公式为

$$\Delta v_{jk} = -\eta (d_k - o_k) o_k (1 - o_k) y_j \tag{9-30}$$

$$\Delta u_{ij} = -\eta \left\{ \sum_{k=1}^{l} \left[(d_k - o_k) o_k (1 - o_k) v_{jk} \right] \right\} y_j (1 - y_j) x_i \tag{9-31}$$

Dombi 和 Nandi 等人（1995）建立了 MIV 值，该值在 BP 中可以展现出来权值矩阵变化的幅度，学者都觉得这个值可以很好地体现出影响的大小。在本书中，将低碳指标作为输入神经元，将效率值作为输出神经元，通过 MIV 值的计算，可以得出输入神经元到底影响了输出神经元多少。该值的正负号可以体现出是正面影响还是负面影响，对该值取绝对值，可以体现出这种影响到底有多大。实际运用中，详细包括以下几个步骤。

首先，进行网络学习训练，进而能够达到预先设定的学习次数。

其次，在结束网络训练后，对训练样本 S 的所有自变量原值，依次加减 10%，并命名为 S_1 和 S_2 两个新的训练样本。

再次，将 S_1 和 S_2 分别作为仿真样本进行仿真，对应 C_1 和 C_2 两个仿真结果并做差，得到 $C_1 - C_2$，$C_1 - C_2$ 就是影响变化值（Impact Value，IV）。

最后，MIV 等于上面所有计算出的影响变化值的平均值。

9.3.2　各评价指标对绩效的影响分析

依据 9.3.1 节的计算过程，输入神经元是各低碳供应链绩效评价的指标，计算各指标对最终绩效值的平均影响程度，即 MIV 值，影响程度用该值的绝对值反映，影响的方向用该值的正负号反映。详细计算结果见表 9-6。

表 9-6　　　　　　　各指标对效率值的相对影响程度 MIV 值　　　　单位：%

指标	1	2	3	4	5	6	7
MIV 值	0.003	0.02	-0.001	0.7	0.06	0.003	0.03
指标	8	9	10	11	12	13	14
MIV 值	0.02	0.7	0.05	0.7	0.5	-0.8	-0.9
指标	15	16	17	18	19	20	21
MIV 值	-1.1	-1.02	-0.8	-0.4	-0.6	-0.5	0.7

给各个指标一个编号，便于分析：1 总资产报酬率；2 主营业务增长率；3 资产负债率；4 环保投资；5 钢材产销率；6 存货周转率；7 大宗原料供应准时程度；8 低碳信息分享；9 顾客满意度；10 准确交货率；11 R&D 投入率；12 专利授权量；13 吨钢 COD 排放量；14 吨钢二氧化硫排放量；15 吨钢二氧化碳排放量；16 吨钢综合能耗；17 吨钢耗新水量；18 烟尘排放增长率；19 粉尘排放增长率；20 废气排放增长率；21 水重复利用率。

从表 9-6 可得到以下结论：第一，从各指标对绩效值的影响方向上来看，指标 1 总资产报酬率、2 主营业务增长率、4 环保投资、5 钢材产销率、6 存货周转率、7 大宗原料供应准时程度、8 低碳信息分享、9 顾客满意度、10 准确交货率、11R&D 投入率、12 专利授权量、21 水重复利用率对绩效产生正向影响。

第二，从效率值受各个指标的影响程度来看，4 环保投资、9 顾客满意度、

11R&D 投入率、13 吨钢 COD 排放量、14 吨钢二氧化硫排放量、15 吨钢二氧化碳排放量、16 吨钢综合能耗、17 吨钢耗新水量、21 水重复利用率对钢铁企业低碳供应链绩效的相对影响程度较大，各企业应加大投入和治理力度，而其他指标虽然相对影响程度小，但并不能说明它们不重要，企业在低碳供应链运行过程中同样要给予足够的重视。

9.4　改进建议

本书以钢铁企业为供应链核心企业，研究钢铁低碳供应链的绩效，主要方向是低碳和供应链两部分，这两部分直接体现现有低碳供应链的水平，但财务绩效也会间接影响低碳绩效和运营绩效两部分。通过 9.2 节、9.3 节被调查 21 家钢铁企业低碳供应链综合绩效得分计算及各指标对综合绩效影响程度的识别分析，可以看出企业低碳供应链的运行水平及财务、运营和低碳三方面的水平。

经过前面的实证结果，发现目前我国钢铁企业低碳供应链绩效整体水平较低，主要面临以下几个问题。

（1）供应链核心钢铁企业与供应链上其他企业联系少。

（2）缺乏相应的创新意识和能力，整体技术研发速度慢，水平低，整个钢铁行业的生产流程水平不高。

（3）整体人员缺少节约能源、减少排放的意识。

针对上述问题，为了钢铁企业能够有针对性地对自己现有低碳供应链进行改进，提出以下几点对策。

1. 与钢铁企业的上下游企业合作，降低成本，提高经济效益

通过实地调查及查阅相关文献，目前我国的钢铁企业面临资源匮乏的情况比较普遍，例如需要进口大额的铁矿石来满足生产，在这种情况下，钢铁企业承担上游市场汇率变动以及原材料价格变动的风险。为了解决这一问题，钢铁企业一方面尽可能地使自己的采购计划更加科学合理，尽可能预测原材料价格走势，只有这样才能控制采购成本；另一方面为长久获得价格稳定的原材料，降低采购成本，与供应链上游企业的合作需进一步加深，以此降低上游变动对钢铁企业造成的风险。

除降低采购成本之外，钢铁企业生产的产品具有体积大等特点，所以在产

品流通的过程中，需要考虑高额的仓储和运输费用。为了降低这部分费用，钢铁企业一方面应当增强与分销商及客户等下游企业的合作，询问他们的需求，并依照他们的需求调整自己的计划进行生产，而且要实时地观察库存的状况；另一方面建立与客户的沟通机制，根据各个客户的需求及企业实际情况，科学合理地规划运输路线及选择运输方式，尽可能减少装卸和搬运次数，实现往返无空载运输，这些措施不仅可以降低运输费用，也能够减少物流过程的二氧化碳排放，降低对环境的污染。

2. 加强创新和优化业务流程，提升运营绩效

目前钢铁企业普遍产能过剩，造成这一局面不仅仅是市场对于钢铁产品需求的降低，还因为企业在生产过程中没有及时调查市场需求，如果不根据市场需求调整自己的生产计划，则不能满足市场对于钢铁产品的差异化需求。除此以外，全球都在着力发展低碳经济，钢铁行业更是资源消耗大、污染排放多的行业，自然是实施节能减排的关键行业。在推进低碳化生产的过程中，钢铁企业生产产品毫无意外需要投入大量的资金，为了使得企业正常运行，需要提升产品的价格作为弥补，但是下游企业未必能够接受高价产品，所以钢铁企业的产销率还受到下游企业是否具备相应的低碳知识和意识。上述两点也将直接影响供应链中的顾客服务水平，进而影响供应链运营水平和经济效益。

因此，需要钢铁企业实施产销研模式，该模式主要是以下游顾客需求为主，以促进销售为目标，有效结合生产、销售和科研等方面，通过不断地发掘顾客的需求，提升科研水平，加强技术改进，生产出科技含量高、污染排放少、价格合理的产品，进而增强企业及产品的市场竞争力。为了更好推荐该模式，信息网络要能够充分地被钢铁企业销售部门利用，及时收集汇总顾客对于产品、服务等方面的意见，并与科研部门和生产部门及时沟通，及时改进现有生产模式和产品，并将结果及时反馈给顾客，以便增加销量，提升顾客服务水平；此外，钢铁企业生产的低碳产品价格应当符合实际，不能过高，同时也应该要求下游客户参与新老产品的试验对比，以此来提升顾客对于低碳产品的接受度。同时，钢铁企业需进一步完善信息管理系统，这样方便钢铁企业与上下游企业之间进行沟通，使得原材料变动、产品销售、顾客服务等方面的信息能够及时获取，根据这些信息钢铁企业也能够尽早地明确需要采购多少、生产多少、生产什么等问题；此外，也有利于钢铁企业内部进行工作衔接和合作，提升对内部及外部需求的响应速度。所以，钢铁企业需要增强信息化建设的扶持力度，使业务流程更加简洁高效。

3. 改善能源结构，提高利用效率，减排及废物回收，提升低碳绩效

工艺装备水平较低、节能技术和装备不先进是我国钢铁企业面临的又一问题，也成为钢铁行业产能低、能耗高、污染重、排放多现状的关键导致原因。这就要求钢铁企业创新自身生产技术，努力实现资源利用高效化、生产销售集约化和大型化、节能减排的目标。钢铁企业可以通过以下三种途径提高技术创新：一是依靠政府对企业技术创新的支持，引进人才积极研发；二是积极寻求高效和科研院所的助力；三是直接引入或者借鉴地区或者其他行业的先进技术。通过上述三种途径，帮助企业进行技术创新，降低污染物排放，解决消耗高、排放多、污染重等问题。

煤炭在我国钢铁企业原材料消耗者占 82% 左右，是构成能源结构的主要部分，而核能和天然气的使用率较低，但这些新能源燃烧排放的污染气体要比煤炭等传统能源燃烧排放的污染企业少的多。因此，钢铁企业需要改变能源消耗结构，从源头控制排放，极大程度降低排放量，提升低碳绩效。钢铁企业可以适当引入一些污染较小、排放量较少的能源，并且提高回收利用技术，充分回收生产过程中产生的能源，将回收的能源重新用于生产过程，这样不仅可以减少能源耗费量，而且还有效再利用余热能。

另外，将回收这一阶段加入到以钢铁企业为焦点的低碳供应链中，形成一个闭环。回收环节主要包括两方面：一是从产品的全生命周期对产品监控，尽可能多地回收利用废弃物、半成品等；二是从市场或者顾客手中回收没有价值的、废气的钢铁产品。可以将回收的废弃物进行处理，使其能够进入生产领域，变废为宝，进而降低原材料和能源成本，提升低碳效益和经济效益，使企业可以可持续发展。

9.5　本　章　小　结

本章通过结合熵权法和突变级数法，对我国 2016 年钢材产量超过 1000 万吨以上的 21 家钢铁企业的低碳供应链绩效进行了实证分析，通过进一步分析，综合绩效得分较高的企业未必低碳方面做得好，综合绩效包括了财务绩效、运营绩效和低碳绩效，可能财务绩效得分高会导致综合绩效得分高，说明综合绩效得分高并不意味着该企业供应链运行效率和低碳化水平高。

分别来看，在财务绩效方面，企业差距较大，这与企业规模、性质、人

员、设备等各方面都有关系，但在钢铁企业中，资产负债率普遍较高，且2016年有些企业的总资产报酬率和主营业务收益率为负，说明有些钢铁企业在盈利能力方面稳定持续性较差；在运营绩效方面，运营指标从不同的角度反映了供应链的情况，被调查的21家企业在供应链协同方面做得都较差，在日常的生产经营过程中，与其上下游企业之间联系不紧密、合作很少。运营指标部分，最佳绩效得分也仅为0.855，表现最差的企业为0.332，说明，目前我国钢铁企业在与供应链上下游企业协调生产这方面做得不够好，没有与上下游企业进行交流和共享，互相是分割的。在低碳绩效方面，有些企业得分大于0.92，表明他们在这方面做得比较好，但也看到做得好的和做得差的企业之间差距还很大。综上所述，在供应链协作方面钢铁企业表现普遍较差，在财务绩效和低碳绩效方面差距较大。

最后针对评价结果和影响因素分析结果，有针对性地提出改进建议。

第 10 章

结　　论

10.1　主要研究内容及结论

钢铁制造业是支持国民经济发展的重要基础产业，近年来，我国的钢铁制造业保持着较高速的发展，也为中国经济的持续高速增长作出了重要贡献，但是随着新的供应链质量管理理论的产生，钢铁企业也需要应用新的理论加强供应链质量管理，与时俱进以保持持续发展。本书针对钢铁企业制造特点，在研究国内外供应链质量管理理论基础上，研究了钢铁企业供应链质量管理的框架体系及相关技术，并探讨了钢铁企业供应链质量管理影响因素，建立了钢铁企业供应链质量管理评价指标体系并进行了实证研究。主要完成了以下工作。

（1）在阅读大量供应链质量管理文献的基础上，针对钢铁企业集成化、信息化的特点，基于 ISO 9000 和过程集成理论建立了钢铁供应链质量管理模式，该模式打破需求、采购、设计、生产、销售五个过程分隔的情况，提倡供应链成员企业建立一个相对安全、稳定、动态高效的过程集成系统。并从供应链质量策划、供应链质量控制、供应链质量保证，以及供应链质量改进四个方面系统地探讨了钢铁企业如何与供应链成员企业对这 5 个过程进行供应链质量管理。为钢铁企业实施供应链质量管理提供了较为系统、全面的理论框架。

（2）基于供应商与制造商协同进行产品设计与开发有利于产品质量提高的理论，本书进行了供应链协同产品设计与开发模型及策略研究，在马文建等[108]的基础上将企业创新能力指数引入知识累积函数，从而对知识累积函数进行了拓展，基于知识累积函数和设计返工函数建立了供应商与制造商协同进行产品设计与开发模型，应用此模型求出了供应商与制造商在协同进行产品设计与开发时最优的交流次数。通过实例研究，表明了该模型存在全局最优解。

在此基础上，讨论了协同产品设计与开发的总成本与交流次数的关系，企业创新能力指数与最优交流次数的关系，结果表明在其他赋值不变的情况下，协同产品设计与开发总成本最低的交流次数与企业创新能力指数基本呈很明显的线性负相关关系。说明在供应链协同产品设计与开发的过程中，一定要尽量选择创新能力较强的供应商进行合作，将会十分有利于降低供应链协同产品设计与开发的总成本。

马文建等[108]的研究成果仅研究了知识累积演化轨迹 $\alpha = 1$ 的情况，本书在其基础上探讨了不同类型知识累积演化轨迹对协同产品设计与开发总成本和最优交流次数的影响：结果表明当 $\alpha < 1$ 时，即设计与开发任务前期知识快速累积，后期知识累积相对减缓的情况下，最优交流次数随着 α 的增大而快速增大，而当 $\alpha > 1$ 时，即设计与开发任务的特点是前期进展较缓慢，后期呈现加速，那么供应商与制造商的最优交流次数基本维持不变。虽然当 $\alpha > 1$ 时，最优交流次数保持不变，但是协同产品设计与开发的总成本 π 却随着 α 的增大不断减少。也就是说，不同的协同产品设计与开发任务知识累积演化轨迹，其协同产品设计与开发的总成本也是不同的，并且随着 α 增大，协同产品设计与开发总成本 π 呈下降趋势。

（3）建立了面向供应链协同质量策划的多质量屋递阶 QFD 模型，该模型具有以下作用。

①将供应链的最终顾客和中间顾客的需求映射到供应链成员企业的各个部门、各个科室直至每位工作人员，切实地将供应链最终顾客和中间顾客的需求落实到每位工作人员的具体职责上。

②评估供应链成员企业的某部门哪些职责是与顾客需求紧密相关的，应重点落实、监督对顾客需求相关度大的管理职责的实施情况。

③帮助供应链成员企业分析本企业内各部门、科室哪些职责的实施还不够令顾客满意，需要改善，结合包钢的情况给出了面向供应链协同质量策划的多质量屋递阶 QFD 示例。

在此基础上建立了多目标规划模型用以最优化管理职责改善率。目前对 QFD 的利用和研究大都是从单个质量的角度展开的，而本书建立的面向供应链协同质量策划的多质量屋递阶 QFD 模型，因此需要针对多质量屋的 QFD 模型进行单独研究。本书对示例建立了多目标规划模型，通过 MATLAB 对该多模型进行求解，得到供应链成员企业管理职责的最优改善率。

④从供应链角度来讲，钢铁企业需求过程（订单产生）与钢铁企业制造过程（生产计划）以及质量设计存在一定的集成关系。本书研究了钢铁企业需求、批量生产计划与质量设计的集成优化方法。在杨静萍[9]的模型基础上进行改进，增加了生产成本约束和炉成本约束，研究如何在尽可能满足炉容量、生产成本、炉成本、规格范围和交货时间约束下，尽可能将质量差别小的订单安排在相同的炉次生产，建立了基于多约束聚类的批量生产计划与质量设计的优化模型，并根据问题特点采用改进的遗传算法进行求解。选取包钢 2011 年 7 ~ 8 月 61 个订单进行了实例研究，较好地解决了需求、批量生产计划与质量设计的集成优化问题。

（4）设计并发放了钢铁企业供应链质量管理绩效调查问卷，从钢铁企业的实际数据入手探讨了我国钢铁企业供应链质量管理存在的问题和不足。

①绝大部分钢铁企业的 2010 年产量最大的钢材产品合格率不高，也在一定程度上反映出我国钢铁企业总体工序水平还有待提高，尤其是中小型钢铁企业，工序水平还偏低，钢铁产品的质量还不高。

②钢铁产品综合成材率不高，2010 年等级产品产值率 90% 以下的钢铁企业占 50%，这个数据也同样说明了我国钢铁企业产品质量水平有待进一步提高，尤其要在加大优等品的产量方面提高。

③在所调查的 30 家钢铁企业中，有 11 家钢铁企业总部至主体生产厂生产线的层级数为 5，在企业扁平化越来越普及的年代，36.7% 的钢铁企业显然还没有摒弃掉传统的金字塔的企业管理模式。

④我国民营钢铁企业的信息化程度还比较低。

⑤在产品设计与开发过程中，供应商和最终用户参与设计开发工作的程度不高。

⑥原材料质量近年来呈现下降趋势，大型钢铁企业的大宗原材料合格率比较高，而小型钢铁企业的大宗原材料合格率较低，除了先进的生产工艺、设备和管理理念，应该说这也是小型钢铁企业未来提高产品质量的一个瓶颈之一。有近一半的钢铁企业（46.7%）按时收到采购品的比例偏低，说明近一半钢铁企业的供应链采购环节管理不够理想，应该找出原因予以改进。

⑦企业之间信息共享是现实中一个较难解决的问题，虽然有很多学术界的供应链管理研究学者做了很多理论研究，但是在实际实施过程中，阻力很大。相信未来需要学术界和企业界共同的努力。

⑧我国钢铁企业联合库存策略实施程度普遍很低。

⑨分销商流失率较高。主要原因有三个：分销商业绩不好；此分销商企业提出结束合作；企业因销售策略调整不再需要此分销商。

⑩钢铁企业过去采购产品出现质量问题的主要原因是供应商的问题，如提供产品质量有问题，这也反映出我国钢铁企业在以其为核心的供应链中，对供应商的管理能力较弱，供应商提供产品出现质量问题会为未来的供应链产品质量埋下隐患，供应商管理作为供应链管理的一项重要内容，对于此方面的加强和探索应引起钢铁企业的重视。

考虑到本次调查样本为 30 个，样本含量比较小，不足 40 个，另外在合格的频数统计中，经常有小于 5 的频数出现，因此应用 Fisher 确切概率法分别研究了企业产量最大的钢材产品合格率、企业的钢材综合成材率、等级品产值率，以及下游客户服务满意率各自的影响因素。研究结果表明：供应商参与设计开发新产品情况、煤炭抽样合格率、满足本企业的下游企业的需求量的比例对产品质量有显著的影响关系，这就说明钢铁企业一定要关注供应商参与设计与开发新产品，这一环节做好，有利于各项质量指标的提升。要尽可能地提高煤炭抽样合格率，尽量满足下游企业的需求量。

信息化程度出现在对等级品产值率和对下游客户满意率有显著影响因素的列表中，等级品是显示企业生产一等品和优等品的比率，是生产高质量的产品的比率，这就说明信息化程度越高，对生产高质量产品越有利，对提高下游客户满意率更有利，但是对一般质量要求水平的产品影响不是很大。不出意料的，业务外包比例也出现在对下游客户满意率有显著影响的列表中，说明业务外包极易导致问题引起下游客户的不满。同样，企业规模也出现在了对下游客户满意率的显著影响因素表中，说明我国规模越大的企业还是有较好的实力和管理方法，下游客户满意率更高。

在影响因素研究基础上从钢铁企业基本情况、钢铁企业质量战略与文化的适宜性、钢铁企业产品和服务质量、钢铁企业供应链协同产品设计和开发、钢铁企业供应链协同采购、钢铁企业供应链协同制造、钢铁企业供应链协同销售 7 个维度建立了钢铁企业供应链质量管理评价指标，并对我国 30 家钢铁企业的供应链质量管理进行综合评价。评价结果表明，钢铁企业供应链质量管理绩效与企业规模关系不大，大型企业的供应链质量管理水平与小型企业的供应链质量管理水平差距不明显；我国大部分钢铁企业供应链质量管理水平还有待进一步加强；有四家钢铁企业的评分明显偏低，这说明四家钢铁企业低于我国钢铁企业供应链质量管理平均水平，需重点加强供应链质量管理。

（5）我国钢铁企业在低碳绩效得分适中，且差距不是很大。但通过数据分析发现，在资源消耗方面得分很低，其次是环保方面，说明企业在生产经营过程中消耗大量的资源，同时排放有害气体也很多，低碳绩效表现比较好一部分原因是企业投入资金回收利用废弃物。

（6）我国钢铁企业作为供应链核心企业，在与上下游企业协同合作方面普遍较差，比如，对于减少物流方面的碳排放等信息，不会共享，也缺乏交流机制，信息不对称。通过了解，企业都追求自身利益最大化是企业相关人员的共识，主动去合作、交流难以实现，对行为监督也难以建立标准和实施。因此，企业未来需要在研发、采购、销售等环节邀请供应商和销售商参与进来，只有这样才能及时地了解市场需求，尽可能准确地预估出生产所需的原材料及运输方式和路径等，调整生产计划，使得企业能够按照生产需要采购原材料、生产产品，尽可能降低资源耗费、污染物排放和库存积压。

（7）从低碳供应链绩效评价指标对绩效值的影响分析中得出，吨钢综合能耗、吨钢 COD 排放量、R&D 投入率、顾客满意度、钢材产销率等指标对提升钢铁企业低碳供应链绩效影响很大，同时一些财务指标对其也有一定的影响，这一分析结果为企业未来在改进自身低碳供应链水平提供了方向。企业在未来生产经营过程中，要加强环保资金投入和提升科研水平，降低生产及销售等全过程的污染物排放，进而提升整个企业的竞争力。

10.2　研究不足及展望

本书在许多专家和研究学者对于供应链管理和质量管理理论和实践研究成果的基础上，从 ISO 9000 和过程集成理论出发，对钢铁企业供应链质量管理的一些基本问题进行了初步探讨和分析，得出了一些研究结论，在一定程度上为今后钢铁企业的供应链运作和质量管理提供了理论参考依据，同时也丰富了现有的供应链质量管理理论，以及拓宽了供应链管理理论应用研究范围。但是由于供应链质量管理问题是一个很复杂的问题，既涉及技术问题，也涉及人的问题，还涉及多个利益主体的协调问题，因此本书还有很多问题研究得不够深入、全面，需要在以后的研究中有待完善。

（1）基于 ISO 9000 和过程集成的钢铁企业供应链质量管理模式的应用。

本书建立了基于 ISO 9000 和过程集成的钢铁企业供应链质量管理模式，也对供应链质量管理策划、供应链质量控制、供应链质量保证、供应链质量改进所包含的内容及实施中所需要遵守的原则做了较详细的阐述，但是如何将这些原则和内容更好地贯彻到钢铁企业日常管理中，每个过程的诊断等都是今后需要研究的问题。

（2）供应链质量信息的共享依然是一个难题。它包括解决供应链质量信息共享的信任问题，供应链质量信息共享的广度（范围）与深度（程度）问题，供应链质量信息系统的建设问题，供应链质量信息共享平台的建设与维护问题，供应链质量信息安全问题等。

（3）本书研究如何在尽可能满足炉容量、生产成本、炉成本、规格范围和交货时间约束下，尽可能将质量差别小的订单安排在相同的炉次生产，建立了基于多约束聚类的需求、批量生产计划与质量设计的优化模型。该模型相对基础，还可考虑其他约束进一步研究。

（4）由于时间和精力有限，仅选取了 30 家钢铁企业，未来还可以将研究范围扩大，选取更多的钢铁企业，或针对其他行业进行研究。

（5）在评价指标体系方面，应当更加全面，比如加入能源消耗成本指标、物流成本指标等，使得评价结果更加完善，同时，在指标选取方面也应当考虑指标的含义，比如，本书在低碳指标中选取了吨钢综合能耗，但其实由于企业工序的不同，该指标在企业之间进行比较不是很合适，但吨钢可比能耗无法获取数据，只能用该指标代替。

附录 A 钢铁企业供应链质量管理调查问卷

尊敬的企业相关负责人：

您好！本次调查问卷的目的在于调查国内钢铁企业供应链管理对其产品质量影响及其相关问题，研究改进从供应链管理角度来提高我国钢铁企业产品及服务质量的方案，仅供科研用途，其研究结果的发表一律以综合的统计数据出现，不会出现任何单个企业的信息。

本问卷请企业相关负责人填写，选择题请选中相应选项前面的方框，除有特别注明的以外所有选择题均为单项选择。您的配合对于此次调研成功起着至关重要的作用，十分感谢您在百忙之中填写此调查问卷，再次感谢您的配合！

1. 到目前为止，贵企业与主要下游企业或经销商平均合作时间为：

（"贵企业与主要下游企业平均合作时间中主要下游企业或经销商"指需求量超过企业该产品产量 10% 的企业或经销商。）

□1 ~ 3 年（含 3 年） □3 ~ 5 年（含 5 年） □5 ~ 10 年（含 10 年）
□10 年以上

2. 贵企业业务外包比例为：

（"贵企业业务外包比例"指企业所有业务以金额统计的外包所占比例。）
□5% 以下 □5% ~ 10% □11% ~ 20% □21% ~ 30% □30% 以上

3. 贵企业 2010 年煤炭抽样合格率为：
□100% □98% ~ 99.9% □95% ~ 97.9% □90% ~ 94.9%
□80% ~ 89.9% □80% 以下

4. 贵企业 2010 年铁矿石合格率为：
□100% □98% ~ 99.9% □95% ~ 97.9% □ 90% ~ 94.9%
□80% ~ 89.9% □80% 以下

5. 贵企业 2010 年产量最大的钢材产品合格率为：
□100% □98% ~ 99.9% □95% ~ 97.9% □90% ~ 94.9%
□80% ~ 89.9% □80% 以下

6. 贵企业 2010 年的钢材综合成材率为：

□100%　□98%～99.9%　□95%～97.9%　□90%～94.9%

□80%～89.9%　□80% 以下

7. 贵企业 2010 年等级品产值率：

（"贵企业 2010 年等级品产值率"指优等品和一等品占企业钢铁销售收入的比例）

□100%　□98%～99.9%　□95%～97.9%　□90%～94.9%

□80%～89.9%　□80% 以下

8. 贵企业 2010 年下游客户服务满意率：

□100%　□98%～99.9%　□95%～97.9%　□90%～94.9%

□80%～89.9%　□80% 以下

9. 贵企业是否有明确的规章制度要求研发部门定期要与其他部门进行交流？多久交流一次？

□每周至少一次

□每个月至少一次

□每季度至少一次

□没有，但是研发部门会自发组织与其他部门交流

□没有，研发部门也没有这样做

10. 贵企业在设计和开发新产品时与供应商、分销商和最终用户的交流情况？（请在符合的方框内打 "√"）

	参与整个设计 开发过程	参与大部分设计 开发过程	参与小部分设计 开发过程	不参与设计 开发过程
供应商				
分销商				
最终用户				

11. 贵企业过去采购产品出现质量问题的主要原因有？

□从未在采购环节出现质量问题

□供应商提供产品与合同不符

□供应商产品质量本身问题

□采购部门人员责任问题所产生的不合格产品

□采购程序中存在的问题

□因采购过程中信息共享不足所带来的质量问题（如产品要求不一致，产品信息反馈不及时等）

□其他（　　）

12. 贵企业采购物品是否能按时收到？　按时收到的比例约为：

（"贵企业采购物品"指企业采购物品以价格综合计算的按时收到的比例。比如铁矿石采购额为 200 亿元，煤炭采购额为 100 亿元，二者分别有 150 亿元和 50 亿元按时收到，则按时收到比例为 [150+50]/[200+100]=66.67%）

□45%~65%（含 65%）　□65%~85%（含 85%）

□85%~95%（含 95%）　□95% 以上

13. 贵企业 2010 年末原材料库存总额为：

□1000 万元以下　□1000 万~2000 万元（含 2000 万元）

□2000 万~5000 万元（含 5000 万元）　□5000 万~1 亿元（含 1 亿元）

□1 亿~2 亿元（含 2 亿元）　□2 亿~5 亿元（含 5 亿元）

□5 亿~10 亿元（含 10 亿元）　□10 亿~20 亿元（含 20 亿元）

□20 亿~50 亿元（含 50 亿元）　□50 亿元以上

14. 贵企业 2010 年铁矿石和煤炭等大宗用料供应商总数为：

□少于 10 个　□10~30 个　□31~50 个　□51~70 个　□71~100 个

□100 个以上

15. 在企业运营过程中，供应商是动态的，会有一些原因使原有供应商结束合作关系，或与新的供应商开始合作。贵企业 2010 年结束合作的主要供应商个数为

（"贵企业 2010 年结束合作的主要供应商"指煤炭或铁矿石采购量超过企业用量 10% 以上的企业）

□0 个　□1 个　□2 个　□3 个　□多于 3 个

16. 贵企业与主要供应商的产品信息共享程度为？

□基本不共享

□企业订货量共享

□企业原燃料库存共享

□企业生产过程完全共享

17. 贵企业销售部门与其他部门多久联系一次？（请在符合的方框内打"√"）

	每天	每周	每月	每季度	不定期
研发部					
采购部					
生产部					

18. 如出现以下问题需要退货，一般多久可以解决?

(1) 产品类型或者规格与订单不符

□未出现过此类问题　□3 天内解决　□4～10 天　□11～20 天

□21～30 天　□1 个月～2 个月　□2 个月以上

(2) 产品经检验生产质量不合格

□未出现过此类问题　□3 天内解决　□4～10 天　□11～20 天

□21～30 天　□1 个月～2 个月（含 2 个月）　□2 个月以上

(3) 产品出现破损等情况

□未出现过此类问题　□3 天内解决　□4～10 天　□11～20 天

□21～30 天　□1 个月～2 个月（含 2 个月）　□2 个月以上

19. 贵企业 2010 年是否有供不应求的产品，该产品满足本企业的下游企业的需求量的比例为?

□无　□90%～99%　□80%～89%　□70%～79%　□60%～69%

□60% 以下

20. 贵企业 2010 年钢材产销率为

□大于 120%　□110%～120%（含 120%）　□100%～110%（含 110%）

□98%～100%（含 100%）　□95%～98%（含 98%）

□90%～95%（含 95%）　□小于 90%（含 90%）

21. 贵企业 2010 年分销商个数为

□少于 10 个　□11～30 个　□31～50 个　□51～70 个　□71～100 个

□101 个以上

22. 在企业运营过程中，分销商是动态的，会有一些原因使原有分销商结束合作关系，或与新的分销商开始合作。

(1) 贵企业 2010 年新增的分销商个数为

□0 个　□1～5 个　□6～10 个　□11～20 个　□多于 20 个

(2) 贵企业 2010 年结束合作的分销商个数为

□0 个　□1～5 个　□6～10 个　□11～20 个　□多于 20 个

（3）结束合作原因为

□分销商企业业绩不好　□合作过程不愉快　□此分销商企业提出结束合作

□本企业因销售策略调整不再需要此分销商　□其他

23. 将来贵企业计划在哪些方面加强供应链管理以提高产品和服务质量？并对您选择的计划按照重要性排序，如您认为引进供应链管理人才很重要，在括号标注（1）

（　）建立专门的负责供应链管理的部门

（　）开发适应本企业的供应链质量管理软件

（　）邀请供应商、分销商协同开发新产品或改进现有产品

（　）加强对供应商和外协厂家的选择和质量协同管理，对供应商的采购、生产、物流、设计、项目管理等方面设立了相关的标准，按照该标准选择优秀供应商。

（　）派质量检验人员到供应商企业进行监督

（　）加强与主要供应商建立信息共享程度

（　）制定物流操作环节的规范、物流质量的标准和要求、质量审核的指标体系，并告知物流商，确保物流质量。

（　）遇到质量问题与主要供应商和分销商协同解决，并制定相应的解决问题的方案，明确供应商和分销商的职责。

其他＿＿＿＿＿＿＿＿＿＿＿＿＿＿＿＿＿＿＿＿＿＿＿＿

问卷到此结束！再次感谢您的全力配合！感谢您对此付出的时间和精力！

如贵企业对研究结果有兴趣，我们将在研究报告完成后发送给您，请填写贵单位的邮箱：

谢谢！

附录 B 钢铁企业低碳供应链调查问卷

尊敬的企业相关负责人:

您好!本次调查目的在于调查国内钢铁企业供应链管理的低碳化程度,对企业低碳供应链运行效率进行评价并提出相应建议,仅供科研用途,其研究结果发表一律以综合的统计数据出现,不会出现原始数据及任何单个企业的信息。

本问卷请企业相关负责人填写,选择题请选中相应选项前面的方框,除有特别注明的以外所有选择题均为单项选择。您的配合对于此次调研成功起着至关重要的作用,十分感谢您在百忙之中填写调查问卷,再次感谢您的配合!

您企业的名称是_____

1. 2016 年,贵企业铁矿石和煤炭等大宗用料核心供应商总数大约为:

□少于 30 个　　□31~35 个　　□36~40 个　　□40 个以上

2. 贵企业供应商的大宗原料供应准时程度:

□准时　　□比较准时　　□不准时

3. 贵企业是否与供应商、分销商分享低碳信息(若分享请回答):

(低碳运输包括水运、铁路运输等;废弃处理及回收方面的技术改进;低碳能源包括风力发电等方面的信息):

分享的频繁程度:

□频繁(1 个月~3 个月一次)　　□比较频繁(4 个月~6 个月)

□不频繁(7 个月~1 年)　　□非常不频繁(1 年以上)

4. 到目前为止,贵企业主要分销商总数大约为:

□少于 30 个　　□31~35 个　　□36~40 个　　□40 个以上

5. 贵企业 2016 年钢材产销率大约为:(钢铁本年已销售总量/钢铁本年生产总量)

_____

6. 2016 年贵企业顾客满意度大约为:

_____

7. 2016 年贵企业准确交货率大约为：

_____

8. 2016 年贵企业存货周转率（%）大约为：
（存货周转率为一定时期主营业务成本与平均存货余额的比率）

_____

9. 2016 年贵企业 R&D 投入率大约为：
（R&D 投入率为研发投入占营业收入的比重）

_____

10. 2016 年贵企业吨钢综合能耗大约为：

_____

11. 2016 年贵企业吨钢耗新水量大约为：

_____

12. 2016 年贵企业吨钢 COD（kg/t）排放量大约为：
（在一定条件下，用强氧化剂处理水样时所消耗的氧化剂的量，称为化学耗氧量，简写为 COD）

_____

13. 2016 年贵企业吨钢二氧化硫（kg/t）排放量大约为：

_____

14. 2016 年贵企业吨钢二氧化碳（kg/t）排放量大约为：

_____

15. 2016 年贵企业固废综合利用率大约为：
（固废包括高炉渣、钢渣、炉渣和粉煤灰、含铁尘泥、危险废物等）

_____

16. 2016 年贵企业烟尘排放增长率大约为：

_____

17. 2016 年贵企业粉尘排放增长率大约为：

_____

18. 2016 年贵企业废气排放增长率大约为：

_____

19. 2016 年贵企业水重复利用率大约为：

_____

20. 2016 年贵企业与环保有关的投资（亿元）大约为：

（重点聚焦烧结、焦炉、电厂的烟气升级治理，工艺除尘设施、炉窑设施以新带老升级改造，环境监测设施升级换代、无组织排放治理和冶金废物返生产利用、绿化等）

---

21. 2016 年贵企业总资产报酬率为：

---

22. 2016 年贵企业主营业务增长率为：

---

23. 2016 年贵企业资产负债率为：

---

24. 将来贵企业计划在哪些方面提升供应链运行效率和低碳水平？并对您选择的计划按照重要性进行排序（1 非常重要，2 重要，3 比较重要，4 不重要，5 非常不重要）。

（　　）投入资金加强技术研发，包括生产设备及工序和回收废弃物相关技术研发

（　　）与供应商、分销商开展合作，协同进行采购、生产、运输和销售

（　　）加强对供应商的选择和低碳协同管理，对供应商的采购、生产、物流、设计、项目管理等方面设立相关标准，按照标准择优选取供应商

（　　）定期派人到供应商那里进行原材料抽查

（　　）加强与主要供应商和分销商的低碳信息共享程度

（　　）制定物流操作环节的规范、标准和要求，尽量减少运输过程中的碳排放量

问卷到此结束！再次感谢您的全力配合！感谢您对此付出的时间和精力！

参 考 文 献

[1] 蔡伟琨，毛帅，蔡友霞. 低碳供应链发展的企业战略探析 [J]. 企业活力，2011 (10)：32 - 35.

[2] 蔡伟琨，聂锐. 低碳供应链发展的制度安排——基于对政府和企业的博弈均衡分析 [J]. 商业时代，2012 (3)：24 - 25.

[3] 曹旭峰，杨世元. 质量信息获取新理论和新方法的研究 [J]. 中国质量，2002 (12)：4 - 7.

[4] 陈伟，杨早立，周文，等. 基于突变级数的知识密集型制造业技术创新能力动态综合评价——变化速度特征的视角 [J]. 运筹与管理，2015，24 (1)：191 - 201.

[5] 陈祥锋. 供应链中质量担保决策 [J]. 科研管理，2001，22 (3)：114 - 120.

[6] 陈志祥，黄朝意，李孟清，等. 面向 NGMS 的客户驱动网络化质量管理模型 [J]. 华中理工大学学报，1998 (7)：19 - 21.

[7] 邓超，游本善，吴军. 协同质量管理下的质量评价指标体系 [J]. 机械设计与制造，2007 (8)：192 - 194.

[8] 冯良清，谢奉军，吴佳丽. 面向虚拟企业生命周期的质量管理评价研究 [J]. 商业研究，2008 (10)：64 - 68.

[9] 高滔，顾力刚. 供应链质量风险管理的单委托—多代理激励模型研究 [J]. 中国管理信息化，2010 (1)：73 - 75.

[10] 郭旭亮，顾力刚. 供应链环境下的质量保证机制研究 [J]. 标准科学，2010，432 (5)：60 - 63.

[11] 郭子雪，张强. 质量管理体系运行有效性综合评价 [J]. 北京理工大学学报，2009，29 (6)：560 - 564.

[12] 何桂庭. 比较分析法与综合评分法 [J]. 农业技术经济，1985 (1)：46 - 48.

[13] 何丽红，王秀. 低碳供应链中政府与核心企业进化博弈模型 [J]. 中国人口·资源与环境，2014，V.24；No.163（s1）：27 –30.

[14] 洪江涛，陈俊芳. 供应商产品质量改进的契约模型 [J]. 系统工程与电子技术，2007，29（10）：1655 –1658.

[15] 洪江涛，黄沛. 两级供应链上质量控制的动态协调机制研究 [J]. 管理工程学报，2011，25（2）：62 –65.

[16] 洪江涛，王明月，黄沛. 钢铁企业低碳供应链的创新 [J]. 研究与发展管理，2012，24（3）：93 –99.

[17] 洪涛. 促进绿色流通向低碳流通的转型与升级 [J]. 中国流通经济，2011，25（7）：12 –17.

[18] 胡求光. 基于供应链的水产品物流评价指标体系构建 [J]. 浙江工商职业技术学院学报，2009，8（2）：4 –8.

[19] 华中生，陈晓伶. 考虑质量风险时供应链订货批量的博弈分析 [J]. 系统管理学报，2005，14（4）：303 –307.

[20] 黄俊，刘静，李传昭. 供应商早期参与新产品开发的实证研究 [J]. 科研管理，2007，28（1）：167 –172.

[21] 黄可为，卢克斌，汪定伟. 炼钢组炉问题优化模型及其动态规划算法 [J]. 东北大学学报（自然科学版），2006，27（2）：138 –141.

[22] 黄利莹. 顺应低碳趋势的绿色供应链绩效评价研究 [D]. 武汉：武汉科技大学，2010.

[23] 冀巨海，刘清丽，郭忠行. 钢铁企业绿色供应链管理绩效评价 [J]. 科技管理研究，2013，33（16）：53 –57.

[24] 金钰. 以核心企业为主导的针对供应商的供应链质量管理策略研究 [D]. 对外经济贸易大学，2005.

[25] 瞿群臻，王明新. 低碳供应链管理绩效评价模型的构建 [J]. 中国流通经济，2012，26（3）：39 –44.

[26] 郎志正. 标准化与质量管理 [J]. 中国标准化，2002（3）：15 –17.

[27] 郎志正. 大质量概念下的卓越绩效管理模式 [J]. 福建质量管理，2005（6）：4 –6.

[28] 郎志正. 大质量与大标准化——在第七届中国标准化论坛上的发言 [J]. 标准生活，2010（9）：12 –13.

[29] 郎志正. 质量控制方法与管理 [M]. 国防工业出版社，1984.

［30］郎志正. 质量与标准［J］. 中国质量，2001（1）：20 - 22.

［31］李红. 六西格玛应用于供应商质量改进的实践［J］. 中国质量，2006（4）：14 - 16.

［32］李红霞. 基于绿色供应链的钢铁制造业战略采购策略研究［J］. 物流工程与管理，2011，33（4）：106 - 108.

［33］李媛. 低碳供应链发展及运营新问题［J］. 中国环境管理干部学院学报，2013（2）：33 - 36.

［34］林勇，马士华. 供应链管理的战略管理策略［J］. 机械管理开发，1998（2）：17 - 20.

［35］刘春贵，郭忠行. 基于 DEA 低碳供应链绩效评价研究［J］. 科技管理研究，2012，32（9）：103 - 107.

［36］刘航. 制造型企业绿色供应商评价方法研究——基于灰色综合评价［J］. 中国商论，2010（4）：236 - 237.

［37］刘玲. 面向供应链合作关系的供应商评价与选择［J］. 金融与经济，2009，9（1）：36 - 39.

［38］刘士新，宋健海，周山长. 热轧带钢轧制批量计划优化模型及算法［J］. 控制理论与应用，2007，24（2）：243 - 248.

［39］刘思华. 发展低碳经济与创新低碳经济理论的几个问题［J］. 当代经济研究，2010（11）：48 - 51.

［40］刘子钦. 基于碳预算控制下钢铁行业低碳供应链绩效评价体系研究——以 NG 集团为例［D］. 浙江：江苏大学，2016.

［41］芦娟. 低碳经济下家电供应链系统绩效评价研究［D］. 长沙：中南大学，2012.

［42］鲁其辉，朱道立. 供应链中产品与信息质量改进的战略联盟策略研究［J］. 管理科学学报，2010，13（10）：79 - 88.

［43］陆秀和. 基于供应链管理企业质量管理模式建立的研究［D］. 苏州：苏州大学，2007.

［44］栾东庆. IT 外包服务供应链中的质量监督博弈探讨［J］. 中国集体经济，2011（16）：120.

［45］马士华. 供应链管理 第一讲 供应链管理提出的时代背景与战略［J］. 物流技术，2003（4）：41 - 42.

［46］马文建，刘伟，李传昭. 协同产品开发中供应商介入时间对无效迭

代影响研究 ［J］. 管理工程学报, 2008, 22 (3): 115-117.

［47］孟凡生, 李美莹. 我国能源消费影响因素评价研究——基于突变级数法和改进熵值法的分析 ［J］. 系统工程, 2012 (8): 14-19.

［48］宁树实, 王伟, 潘学军. 一种炼钢——连铸生产计划一体化编制方法 ［J］. 控制理论与应用, 2007, 24 (3): 374-379.

［49］宁树实, 王伟. 热轧批量计划编制模型及其算法 ［J］. 系统仿真学报, 2007, 19 (3): 691-694.

［50］彭频, 李铁克. 基于准时制的炼钢连铸组炉问题模型和算法 ［J］. 计算机工程与应用, 2007, 43 (31): 222-224.

［51］齐龙瑜. 人工神经网络在地球物理反演技术中的应用 ［D］. 天津: 南开大学, 2007.

［52］钱莹. 基于 SCOR 的供应链协同质量管理研究 ［D］. 南京: 河海大学, 2007.

［53］秦现生, 同淑荣, 史良正. 制造过程质量控制与产品设计 ［J］. 航空工程与维修, 1999 (1): 34-36.

［54］施锦萍. 生产管理在国际大型钢铁企业的发展 ［J］. 上海交通大学学报, 2007 (s1): 30-32.

［55］宋占岭, 王亚莉. 基于 TOPSIS 法的供应链条件下物流供应商评价研究 ［J］. 中国市场, 2009 (6): 99-100.

［56］唐立新. CIMS 下生产批量计划理论及其应用 ［M］. 北京: 科学出版社, 1999.

［57］唐立新, 杨自厚, 沈宏宇, 等. 炼钢—连铸—热轧集成批量计划因素分析 ［J］. 钢铁, 2000, 35 (5): 74-76.

［58］唐晓青, 段桂江. 面向全球化制造的协同质量链管理 ［J］. 中国质量, 2002 (9): 25-27.

［59］汪克夷, 张爽, 冯桂萍. 基于敏捷供应链的装备制造业供应商评价体系 ［J］. 科技与管理, 2010, 12 (1): 62-66.

［60］王国文. 低碳物流与绿色供应链: 概念、流程与政策 ［J］. 开放导报, 2010 (2): 37-40.

［61］王仁鹏, 胡宗武, 金国强. 质量管理结构模型研究中的路径分析 ［J］. 工业工程与管理, 2002, 7 (4): 41-45.

［62］王雪聪, 唐晓青. 基于产品平台技术的大规模定制质量保证研究

［J］. 北京航空航天大学学报，2004，30（5）：469 - 474.

［63］ 闻捷. 供应链低碳化若干影响因素研究［D］. 北京：北京邮电大学，2013.

［64］ 吴丹. 通过打造低碳供应链提升农业游品质［J］. 湖北农业科学，2011，50（21）：4509 - 4512.

［65］ 杨东红，王伟，徐畅，等. 闭环供应链中零售商低碳行为影响因素评价［J］. 科技与管理，2011，13（6）：109 - 111.

［66］ 杨红娟，郭彬彬. 基于 DEA 方法的低碳供应链绩效评价探讨［J］. 经济问题探索，2010（9）：31 - 35.

［67］ 杨杰. 面向制造业协同商务的供应商评价与选择［J］. 商业经济研究，2010（11）：66 - 67.

［68］ 杨静萍. 钢铁制造业集成化生产质量管理方法研究［D］. 大连：大连理工大学，2009.

［69］ 杨慕升，张宇. 供应链产品质量的协同控制技术［J］. 制造业自动化，2010，32（4）：24 - 27.

［70］ 杨文佳. 基于投入产出分析的供应链碳排放评价研究［D］. 北京：北京交通大学，2011.

［71］ 杨晓慧，裴玉国. 基于 CIMS 环境下质量控制图的研究［J］. 计算机工程与设计，2002，23（5）：18 - 20.

［72］ 叶飞，李怡娜，徐学军. 供应商早期参与新产品开发的动机与模式研究［J］. 研究与发展管理，2006，18（6）：51 - 57.

［73］ 尤建新，朱立龙. 道德风险条件下的供应链质量控制策略研究［J］. 同济大学学报（自然科学版），2010，38（7）：1092 - 1098.

［74］ 曾五一，黄炳艺. 调查问卷的可信度和有效度分析［J］. 统计与信息论坛编辑部，2005（6）：13 - 17.

［75］ 张翠华，黄小原. 信息非对称条件下的质量预防决策分析［J］. 中国管理科学，2003，11（5）：70 - 75.

［76］ 张大勇. 规范研究与实证研究初探［J］. 现代经济信息，2010（4）：206 - 207.

［77］ 张公绪，孙静. 质量工程师手册［M］. 北京：企业管理出版社，2002.

［78］ 张慧，孙秀梅. 基于 AHP 模糊综合评价对低碳供应链绩效评价的研

究 [J]. 山东理工大学学报（自然科学版），2016（1）：73 – 78.

[79] 张培. 钢铁企业绿色供应链绩效评价研究 [D]. 秦皇岛：燕山大学，2010.

[80] 张新. 低碳供应链初探 [J]. 物流工程与管理，2011，33（8）：80 – 82.

[81] 张鑫. 供应链质量管理 [D]. 北京：北京交通大学，2008.

[82] 张昪. 供应链质量管理中隐形激励机制的设计 [J]. 中国商论，2010（6）：58 – 59.

[83] 章培培，李震，张俊慧. 企业虚拟形态下的质量保证体系 [J]. 成组技术与生产现代化，2008，25（2）：28 – 31.

[84] 赵广华. 产业集群企业的低碳供应链管理 [J]. 企业管理，2010（8）：88 – 90.

[85] 赵延庆，陈杰，韩九香. PCA – DEA 复合模型的分销商评价与改善 [J]. 工业工程，2005，8（6）：95 – 98.

[86] 周荣辅，赵俊仙. 供应链协同效果评价指标体系的构建 [J]. 统计与决策，2008（13）：64 – 66.

[87] 朱龙轶. 基于突变理论的信用风险评估及应用 [D]. 成都：电子科技大学，2013.

[88] 朱庆华，耿勇. 企业绿色供应链管理实践与绩效关系统计分析 [J]. 数理统计与管理，2005，25（5）：13 – 19.

[89] Beamon B M. *Designing the green supply chain* [J]. *Logistics Information Management*，1999，12（4）：332 – 342.

[90] Bidualt F，Despres，C. & Butler，C. *New product development and early supplier involvement（ESI）：the drivers of ESI adoption* [J]. *International Journal of Technology Management*，1998，15（1）：49 – 69.

[91] Bonaccorsi，A. & Lipparini，A. *Strategic partnerships in new product development：an italian case study* [J]. *Journal of Product Innovation Management*，1994，11（2）：134 – 145.

[92] Calvi R，Le Dain M，Harbi S，et al. *How to manage Early Supplier Involvement（ESI）into the New Product Development Process（NPDP）：several lessons from a French study* [C]. 10th International Annual IPSERA Conference，Jönköping，Sweden，2001.

[93] Caro F, Corbett C J, Tan T, et al. *Carbon – Optimal and Carbon – Neutral supply chains* [M]. Social Science Electronic Publishing, 2011.

[94] Casadesús M, de Castro R. *How improving quality improves supply chain management: empirical study* [J]. *The TQM magazine*, 2005, 17 (4): 345 – 357.

[95] Christian N. Madu, ChuHua Kuei. *Strategic total quality management— transformation process overview* [J]. *Total Quality Management*, 1994, 5 (5): 255 – 266.

[96] Clark K & Fujimoto T. *Product development performance* [M]. *Boston, Mass. , USA: Harvard Business School Press.* 1991: 205 – 246.

[97] Dombi G W, Nandi P, Saxe J M, et al. *Prediction of rib fracture injury outcome by an artificial neural network* [J]. *Journal of Trauma and Acute Care Surgery*, 1995, 39 (5): 915 – 921.

[98] Dyer J H & Nobeoka H. *Greating and managing a high performance knowledge sharing network: the TOYOTA case* [J]. *Strategic Management Journal*, 2000, 21 (3) 345 – 367.

[99] Ecer F. *A New Approach Towards Evaulation and Selectâ €¹ on of Salesperson Candidates: Fuzzytopsis* [J]. *Anadolu University Journal of Social Sciences*, 2007, 7 (2): 187 – 204.

[100] Elhedhli S, Merrick R. *Green supply chain network design to reduce carbon emissions* [J]. *Transportation Research Part D: Transport and Environment*, 2012, 17 (5): 370 – 379.

[101] Forker L B, Mendez D, Hershauer J C. *Total quality management in the supply chain: what is its impact on performance?* [J]. *International Journal of Production Research*, 1997, 35 (6): 1681 – 1702.

[102] Handfield R B, Walton S V, Seegers L K, et al. '*Green' value chain practices in the furniture industry* [J]. *Journal of Operations Management*, 1997, 15 (4): 293 – 315.

[103] Holland J H. *Adaptation in natural and artificial systems: an introductory analysis with applications to biology, control, and artificial intelligence* [M]. *MIT press*, 1992.

[104] Hongjuan Y, Jing Z. *The strategies of advancing the cooperation satisfac-

tion among enterprises based on low carbon supply chain management [J]. *Energy procedia*, 2011, 5: 1225 – 1229.

[105] Hsu C W, Kuo T C, Chen S H, et al. *Using DEMATEL to develop a carbon management model of supplier selection in green supply chain management* [J]. *Journal of cleaner production*, 2013, 56: 164 – 172.

[106] Johnson S D. *Identification and selection of environmental performance indicators: application of the balanced scorecard approach* [J]. *Corporate environmental strategy*, 1998, 5 (4): 34 – 41.

[107] Joyce P, Green R, Winch G. *A new construct for visualising and designing e – fulfilment systems for quality healthcare delivery* [J]. *The TQM Magazine*, 2006, 18 (6): 638 – 651.

[108] Jun – Tao Y U, Zhang J Y, School B. *Based on AHP – DEA's Low Carbon Supply Chain Performance Evaluation* [J]. *Reform of Economic System*, 2015.

[109] Kamath, R. R. & Liker, J. K. *A second look at Japanese product development* [J]. *Harvard Business Review*, 1994, 72 (6): 154 – 170.

[110] Kannan V R, Tan K C. *Just in time, total quality management, and supply chain management: understanding their linkages and impact on business performance* [J]. *Omega*, 2005, 33 (2): 153 – 162.

[111] Kim B. *Coordinating an innovation in supply chain management* [J]. *European Journal of Operational Research*, 2000, 123 (3): 568 – 584.

[112] Krishnan V, Eppinger S & Whitney D. *Accelerating product development by the exchange of preliminary product design information* [J]. *Mechanical Design*, 1995, 12: 491 – 498.

[113] Kuei C, Madu C N. *Identifying critical success factors for supply chain quality management* [J]. *Asia Pacific Management Review*, 2001, 6 (4): 409 – 423.

[114] Labahn D W & Krapfel R. *Early supplier involvement in customer new product development – the story of lean production* [J]. *Journal of Business Research*, 2000, 47 (3): 173 – 190.

[115] Lam H L, Varbanov P, Klemeš J. *Minimising carbon footprint of regional biomass supply chains* [J]. *Resources, Conservation and Recycling*, 2010, 54 (5): 303 – 309.

[116] Lee K H. *Carbon accounting for supply chain management in the automobile industry* [J]. *Journal of Cleaner Production*, 2012, 36 (17): 83 –93.

[117] Liker J K, Kamath R R. & Watsi S N. *Supplier involvement in automotive component design: are there really large US Japan differences?* [J]. *Research Policy*, 1996, 25 (1): 59 –89.

[118] Liu B, Holmbom M, Segerstedt A, et al. *Effects of carbon emission regulations on remanufacturing decisions with limited information of demand distribution* [J]. *International Journal of Production Research*, 2015, 53 (2): 532 –548.

[119] Loch C H &Terwiesch H C. *Communication and uncertainty in concu – rrentengineering* [J]. *Management Science*, 1998, 44 (8): 1032 –1048 ·

[120] Madu C N, Kuei C. *Introducing strategic quality management* [J]. *Long Range Planning*, 1993, 26 (6): 121 –131.

[121] Manenti F, Lima N M N, Liñan L Z, et al. *Exploiting C + + polymorphism for operational optimization of chemical processes* [J]. *Chemical Engineering Transactions*, 2010, 21: 517 –522.

[122] Mao Z, Zhang S, Li X. *Low carbon supply chain firm integration and firm performance in China* [J]. *Journal of Cleaner Production*, 2017, 153: 354 – 361.

[123] Mentzer J T, DeWitt W, Keebler J S, et al. *Defining supply chain management* [J]. Journal of Business logistics, 2001, 22 (2): 1 –25.

[124] Mu – SeongLee, Young – HaeLee, Chan – SeokJeong. *A high – quality-supplier selection model for supply chain management and ISO 9001 system* [J]. *Production Planning & Control*, 2003, 14 (3): 225 –232.

[125] Naphade K S, Wu S D, Storer R H, et al. *Melt scheduling to trade off material waste and shipping performance* [J]. *Operations Research*, 2001, 49 (5): 629 –645.

[126] Pelton L E, Strutton D, Lumpkin J R. *Marketing channels: A relationship management approach* [M]. McGraw – Hiu/lrwin, 2002.

[127] Reyniers D J, Tapiero C S. *Contract design and the control of quality in a conflictual environment* [J]. *European journal of operational research*, 1995, 82 (2): 373 –382.

[128] Rizet C, Browne M, Cornelis E, et al. *Assessing carbon footprint and*

energy efficiency in competing supply chains: review-case studies and benchmarking [J]. *Transportation Research Part D: Transport and Environment*, 2012, 17 (4): 293 – 300.

[129] Robinson C J, Malhotra M K. *Defining the concept of supply chain quality management and its relevance to academic and industrial practice* [J]. *International Journal of Production Economics*, 2005, 96 (3): 315 – 337.

[130] Romano P, Vinelli A. *Quality management in a supply chain perspective: strategic and operative choices in a textile – apparel network* [J]. *International Journal of Operations & Production Management*, 2001, 21 (4): 446 – 460.

[131] Rumelhart D E, McClelland J L. *Parallel distributed processing: explorations in the microstructure of cognition* [J]. *volume 1. foundations.* 1986.

[132] Sang Chin K, Yeung I K, Fai Pun K. *Development of an assessment system for supplier quality management* [J]. *International Journal of Quality & Reliability Management*, 2006, 23 (7): 743 – 765.

[133] Shaw K, Shankar R, Yadav S S, et al. *Supplier selection using fuzzy AHP and fuzzy multi – objective linear programming for developing low carbon supply chain* [J]. *Expert systems with applications*, 2012, 39 (9): 8182 – 8192.

[134] Sobieszczanski – Sobieski J. *Multidisciplinary optimization for engineering systems: Achievements and potential* [M]. *Optimization: Methods and applications, possibilities and limitations. Springer*, Berlin, Heidelberg, 1989: 42 – 62.

[135] Starbird S A. *Penalties, Rewards, and Inspection: Provisions for quality in supply chain contracts* [J]. *Journal of the Operational Research Society*, 2001, 52 (1): 109 – 115.

[136] Starbird S A. *The effect of quality assurance policies for processing tomatoes on the demand for pesticides* [J]. *Journal of Agricultural and Resource Economics*, 1994: 78 – 88.

[137] Tan K C. *A framework of supply chain management literature* [J]. *European Journal of Purchasing & Supply Management*, 2001, 7 (1): 39 – 48.

[138] Ulusoy G. *An assessment of supply chain and innovation management practices in the manufacturing industries in Turkey* [J]. *International Journal of Production Economics*, 2003, 86 (3): 251 – 270.

[139] Wasti S N, Liker J K. *Risky business or competitive power? Supplier in-*

volvement in Japanese product design [J]. *Journal of Product Innovation Management: An International Publication of the Product Development & Management Association*, 1997, 14 (5): 337 –355.

[140] Wiedmann T, Minx J. *A definition of 'carbon footprint'* [J]. *Ecological economics research trends*, 2008, 1: 1 –11.

[141] Wynstra F, Ten Pierick E. *Managing supplier involvement in new product development: a portfolio approach* [J]. *European Journal of Purchasing & Supply Management*, 2000, 6 (1): 49 –57.

[142] Yeung A C L, Lee T S, Chan L Y. *Senior management perspectives and ISO 9000 effectiveness: an empirical research* [J]. *International Journal of Production Research*, 2003, 41 (3): 545 –569.

[143] Zhang H, Sun X. *Research on low carbon supply chain performance evaluation based on AHP and fuzzy comprehensive evaluation method* [J]. *Journal of Shandong University of Technology (Natural Science Edition)*, 2016, 1: 16 –23.